Liberdade de imprensa e tutela inibitória

Liberdade de imprensa e tutela inibitória

2024

Armindo Madoz Robinson

ALMEDINA

LIBERDADE DE IMPRENSA E TUTELA INIBITÓRIA
© Almedina, 2024
AUTOR: Armindo Madoz Robinson

DIRETOR ALMEDINA BRASIL: Rodrigo Mentz
EDITORA-CHEFE: Manuella Santos de Castro
EDITOR PLENO: Aurélio Cesar Nogueira
PRODUTORA EDITORIAL: Erika Alonso
ASSISTENTES EDITORIAIS: : Laura Roberti, Tacila da Silva Souza e Patrícia Romero

DIAGRAMAÇÃO: Almedina
DESIGN DE CAPA: Roberta Bassanetto

ISBN: 9788584937097
Maio, 2024

Dados Internacionais de Catalogação na Publicação (CIP)
(Câmara Brasileira do Livro, SP, Brasil)

Robinson, Armindo Madoz
Liberdade de imprensa e tutela inibitória /
Armindo Madoz Robinson. – 1. ed. – São Paulo :
Almedina, 2024.

ISBN 978-85-8493-709-7

1. Direito constitucional – Brasil 2. Direitos
fundamentais sociais 3. Liberdade de imprensa
4. Tutela inibitória – Brasil 5. Processo civil – Brasil I. Título.

24-201587 CDU-347.922.33(81)

Índices para catálogo sistemático:

11. Brasil : Tutela inibitória : Processo civil
347.922.33(81)

Aline Graziele Benitez – Bibliotecária – CRB-1/3129

Este livro segue as regras do novo Acordo Ortográfico da Língua Portuguesa (1990).

EDITORA: Almedina Brasil
Rua José Maria Lisboa, 860, Conj.131 e 132, Jardim Paulista | 01423-001 São Paulo | Brasil
editora@almedina.com.br
www.almedina.com.br

AGRADECIMENTOS

Acredito que antes de celebrar qualquer conquista, nós devemos agradecer pelo sofrido caminho percorrido. Com o sofrimento há o aprendizado e o fortalecimento. Estes termos representam bem a luta da minha vida até o momento. Tive diversos momentos de alegria, porém, vários momentos de triteza e perda. Pois bem, os momentos de felicidade prevaleceram e deram-me força para continuar trilhando esse suntuoso caminho chamado vida.

E as minhas conquistas não ocorreram por esforço exclusivo meu. Ao contrário, eu devo muito às maravilhosas pessoas que cruzaram o meu caminho, deram-me oportunidades, incentivaram-me e acreditaram no meu potencial.

A começar pelo grande Criador, princípio de tudo, sem o qual nenhum de nós existiríamos.

Sou grato também aos meus pais e à minha família, que me criaram e me sustentaram, oportunizando-me o focar nos estudos.

Sou grato imensamente à Bárbara, que participou de grande parte da minha vida, apoiando-me, fortacelendo-me e acompanhando de perto o meu crescimento enquanto homem e profissional.

Sou grato aos meus eternos colegas e amigos de faculdade, os "ministros", Denilson, Lucas, Luiz e Phabllo. Convém mencionar também os meus colegas e amigos de estágio do Tribunal de Justiça do Distrito Federal e Territórios, Priscila e Douglas.

Agora chegamos a um agracecimento especial. Em razão da limitação existente na linguagem, eu não consigo expressar a minha grande e eterna gratidão a uma pessoa que foi absolutamente fundamental para eu chegar onde cheguei. Essa pessoa, caricata e de um enorme coração, passou a fazer parte da minha vida de uma forma totalmente despretenciosa. Eu o conheci nos corredores da Universidade Católica de Brasília – UCB, por volta do ano de 2018 ou 2019, período em que eu ainda estava na Graduação. Fui seu aluno apenas em agosto de 2021, na disciplina "Teoria do Direito", no Mestrado em Direito da UCB, acompanhando-o, dois semestres depois, no Estágio de Prática Docente. A inscrição nesse estágio foi o marco de um grande acontecimento que viria a se concretizar poucos meses depois: de professor e mestre, a amigo. Sem a sua ajuda, certamente não estaria onde estou hoje. Não teria tido várias oportunidades profissionais e acadêmicas. Agradeço, portanto, ao Maurício Dalri Timm do Valle, o "Táta", por tudo o que fez por mim, mas, acima de tudo, pela amizade e parceria.

Dando continuidade à sequência de agradecimentos, percebe-se que a amizade com as pessoas a seguir mencionadas decorreu direta ou indiretamente da amizade com o Maurício. Sou grato, assim, aos meus eternos e brilhantes professores, seja da graduação ou do mestrado, merecendo citação especial o Gustavo Menon (grande professor e querido amigo), Cleucio Santos Nunes (meu querido orientador da graduação), Gustavo Osna (meu grande orientador do mestrado, fundamental para o desenvolvimento deste livro), Deo Campos (querido professor), Rosaldo Trevisan (grande amigo), Guilherme Roman Borges (grande amigo), Edilson Vitorelli (querido professor) e diversos outros.

Por fim, mas não menos importante, agradeço aos meus amigos e colegas do colegiado de direito da Estácio de Brasília, instituição que me recebeu de braços abertos. Não podem, também, passar despercebidos os meus queridos alunos da Estácio, apelidados carinhosamente por mim de "Los arruaceros".

SUMÁRIO

1.
INTRODUÇÃO

A harmonia da sociedade depende de normatização estatal. O Estado regula todas as relações que interessem para o bom funcionamento de um país, fazendo surgir, assim, direitos e deveres.

Dentre os direitos que mais interessam para o exercício da democracia se destaca a liberdade de imprensa, principal responsável pela promoção do direito de informação.

Porém, como todo direito fundamental, não é dada à mídia uma blindagem absoluta, cuja atuação é condicionada, a fim de se evitar danos e excessos.

Neste cenário, o papel atribuído ao Poder Judiciário de impedir a ocorrência de violações a direitos é essencial para limitar a liberdade de imprensa, adequando o exercício deste direito, caso necessário, à Constituição Federal.

Por exemplo, o direito de privacidade também deve ser garantido, e a sua inviolabilidade não pode ser ressalvada sob a justificativa de se invocar a liberdade de imprensa e a proibição à censura.

Caso não seja possível a coexistência de direitos fundamentais no caso concreto, o magistrado, então, deverá utilizar a ponderação como forma de solução de conflitos. Interessa saber, para isso, em quais casos há a prevalência do direito de imprensa sobre o direito à privacidade, e vice-versa.

Não basta, porém, o estabelecimento de diretrizes abstratas para a concretude de direitos. É preciso um olhar para a realidade, a fim de que se analise de que forma, dentro das medidas possíveis, o Poder Judiciário pode fornecer um resultado mais eficaz.

Para isto, a existência de instrumentos eficazes para a defesa de direitos é medida que se impõe, de forma a se evitar lesões e que a função da norma material seja atendida integralmente.

Questiona-se, assim, a suficiência e adequação da tradicional tutela repressiva em casos que envolvam direitos imateriais, bem como se o detrimento do direito à privacidade em face da liberdade de imprensa pode ser resolvido através de uma reparação pecuniária.

Neste contexto, o debate a respeito da tutela inibitória se mostra de suma importância, não só para avaliar se a sua utilização evita efetivamente a ocorrência de ilícitos, mas, também, se a inibição de matéria jornalística (controle jurisdicional prévio) configura violação ao direito de imprensa.

Assim, o objetivo desta pesquisa é analisar a efetividade proporcionada pela tutela inibitória como instrumento de garantia do direito de privacidade, de forma a ser compatibilizada com a liberdade de imprensa.

Para tanto, serão estudados os conceitos de tutela inibitória, sua função preventiva e a sua efetividade frente a direitos extrapatrimoniais. Além disso, é relevante o estudo do alcance e limitações dos direitos de intimidade, vida privada, honra e imagem, bem como do direito de imprensa.

As peculiaridades teóricas destes direitos, bem como o seu olhar prático (jurisprudencial), permitirão, posteriormente, a extração de critérios de julgamento para a ponderação de direitos fundamentais, pois, seu resultado, a partir da análise do caso concreto, influenciará na possibilidade, ou não, da instrumentalização do direito da privacidade.

O método científico utilizado foi o hipotético-dedutivo, pois, a pesquisa foi feita a partir de revisão bibliográfica geral para extrair as conclusões específicas do trabalho. Ademais, é uma pesquisa de abordagem qualitativa, se valendo de interpretação e compreensão de materiais teóricos a fim de explicar determinados fenômenos.

2.
DOS DIREITOS FUNDAMENTAIS RELACIONADOS AO EXERCÍCIO DO DIREITO DE IMPRENSA

2.1 Da liberdade de imprensa

A liberdade de imprensa é um dos direitos fundamentais mais importantes. É essencial não só para o fornecimento de informação ao indivíduo, mas também para o regular funcionamento do Estado Democrático de Direito.

Por isso, se mostra relevante o estudo da liberdade de imprensa a partir das suas mais variadas características, como o conceito, alcance, limitações constitucionais e legais, destinatários, as dificuldades práticas enfrentadas pelo profissional do jornalismo e a importância deste direito para a promoção da informação.

Entende-se por liberdade de imprensa a concepção prevista na Constituição Federal de permitir a plena transmissão de informação, a fim de promover a construção da sociedade[1].

Dentro do art. 5º merecem citação os seguintes incisos, os quais, além de trazerem direitos, indicam, também, segundo, José Afonso da Silva[2], condicionantes: liberdade de comunicação livre de qualquer forma de censura (inciso IX), livre manifestação de pensamento, vedado o anonimato (inciso IV); direito proporcional de resposta, além de indenização por danos materiais, morais ou à imagem (inciso V); acesso à informação, resguardado o sigilo da fonte, quando necessário ao exercício profissional (inciso XIV).

[1] Novelino, Marcelo. **Curso de direito constitucional**. 11. ed. rev., ampl. e atual. Salvador: Ed. JusPodivm, 2016. p. 365.

[2] Silva, José Afonso da. **Curso de direito constitucional positivo**. 20. ed. São Paulo: Malheiros, 2005. p. 247-248.

Ademais, o artigo 220 da Constituição[3] dispõe sobre a proteção ao pensamento, criação, expressão e informação, a liberdade de informação jornalística e repete a vedação à censura.

A liberdade de informação jornalística envolve a comunicação, opinião, exposição, notícia ou crítica a respeito de qualquer conteúdo, pessoa ou situação. Outros meios de comunicação, novos ou não, como o eletrônico, evidentemente, estarão protegidos pela liberdade de expressão, pois, seu alcance deverá ser o mais extenso possível, desde que a manifestação não seja abusiva[4].

O Estado Democrático assegura a liberdade de imprensa sob dois aspectos[5]: positivo e negativo. Positivo, pois, garante a exteriorização da comunicação e negativo, pois, a protege de censura.

Percebe-se, então, que, de forma geral, o direito de imprensa possui dois destinatários[6], os quais estão diametralmente opostos.

O primeiro, o qual é livre para manifestar suas notícias e informações, é o emissor profissional, entendido exemplificativamente como a empresa jornalística, seus funcionários, "repórteres, jornalistas, colunistas, editores, entre outras profissões que estejam inseridas neste universo"[7]. O segundo, responsável por se abster de intervir na atuação das figuras referidas, é o Estado, nos seus sentidos objetivo e subjetivo[8].

[3] Art. 220. A manifestação do pensamento, a criação, a expressão e a informação, sob qualquer forma, processo ou veículo não sofrerão qualquer restrição, observado o disposto nesta Constituição.
§ 1º Nenhuma lei conterá dispositivo que possa constituir embaraço à plena liberdade de informação jornalística em qualquer veículo de comunicação social, observado o disposto no art. 5º, IV, V, X, XIII e XIV. § 2º É vedada toda e qualquer censura de natureza política, ideológica e artística. BRASIL. **Constituição da República Federativa do Brasil de 1988**. Diário Oficial da União: 05 out. 1988.

[4] Sarlet, Ingo Wolfgang, Marinoni, Luiz Guilherme. Mitidiero, Daniel. **Curso de direito constitucional**. 7. ed. São Paulo: Saraiva Educação, 2018. p. 521.

[5] Ferreira, Pinto. **Comentários à Constituição brasileira**. São Paulo: Saraiva, 1989. 7 v. p. 68.

[6] Silva, José Afonso da. **Curso de direito constitucional positivo**. 20. ed. São Paulo: Malheiros, 2005. p. 247.

[7] Fabrício, Paulo Eduardo Magnani, Oliveira, Bruno Queiroz. A Perspectiva atual da Liberdade de Imprensa no Brasil. **Revista Opinião Jurídica**. V. 5, n. 9, p. 213-228, 2007.

[8] "O sentido objetivo, pois, deve consistir na própria atividade administrativa exercida pelo

O indivíduo, brasileiro ou estrangeiro, pode ser pessoa natural ou pessoa jurídica, de direito privado ou público, consistindo em sujeitos ativos[9]. Já o sujeito passivo, em um primeiro momento, é o Estado. Porém, os particulares também devem respeitar a liberdade de imprensa, em decorrência da eficácia horizontal dos direitos fundamentais[10].

Como dito, a proibição de censura importa em uma abstenção, e é imposta não só ao particular, mas principalmente ao Estado, de forma a impedi-lo de ter o poder de autorizar previamente publicação, ou sancionar quem comunica de forma contrária ao pensamento comum, ou ainda quem possui ideologia oposta à do Governo[11].

A liberdade de imprensa, assim, é necessária para se assegurar a dignidade humana aos indivíduos, na medida em que a informação permite o desenvolvimento de uma vida minimamente digna, além de ser essencial à democracia.

Nesse sentido, Marcelo Novelino[12] afirma que a liberdade de informação jornalística abrange o direito de o indivíduo obter informações sem obstáculos ou restrições sem justificativa constitucional. Isso impediria, em tese, qualquer restrição ao exercício desse direito, ainda que por meio de ação judicial.

A pluralidade de ideias é algo que deve prevalecer. Assim, ainda que a opinião jornalística seja polêmica ou impopular, o direito de imprensa não deve ser tolhido e nem censurado por não ter aceitação geral, desde

Estado por seus órgãos e agentes, caracterizando, enfim, a função administrativa, com os lineamentos que procuramos registrar anteriormente. (...) Sentido subjetivo: A expressão pode também significar o conjunto de agentes, órgãos e pessoas jurídicas que tenham a incumbência de executar as atividades administrativas. Toma-se aqui em consideração o sujeito da função administrativa, ou seja, quem a exerce de fato". CARVALHO FILHO, José dos Santos. **Manual de direito administrativo**. 31. ed. São Paulo: Atlas, 2017. p. 44.

[9] SARLET, Ingo Wolfgang, MARINONI, Luiz Guilherme. MITIDIERO, Daniel. **Curso de direito constitucional**. 7. ed. São Paulo: Saraiva Educação, 2018. p. 523.

[10] SARLET, Ingo Wolfgang, MARINONI, Luiz Guilherme. MITIDIERO, Daniel. **Curso de direito constitucional**. 7. ed. São Paulo: Saraiva Educação, 2018. p. 523.

[11] NOVELINO, Marcelo. **Curso de direito constitucional**. 11. ed. rev., ampl. e atual. Salvador: Ed. JusPodivm, 2016. p. 347.

[12] NOVELINO, Marcelo. **Curso de direito constitucional**. 11. ed. rev., ampl. e atual. Salvador: Ed. JusPodivm, 2016. p. 366.

que a fala esteja inserida em um diálogo democrático e isento de intensão ofensiva.

A proibição de censura importa em uma abstinência estatal. Segundo Branco e Mendes[13]:

> (...) censura, no texto constitucional, significa ação governamental, de ordem prévia, centrada sobre o conteúdo de uma mensagem. Proibir a censura significa impedir que as ideias e fatos que o indivíduo pretende divulgar tenham de passar, antes, pela aprovação de um agente estatal. A proibição de censura não obsta, porém, a que o indivíduo assuma as consequências, não só cíveis, como igualmente penais, do que expressou.

A perspectiva constitucional da censura carrega cicatrizes da ditadura militar, período em que os militares controlavam as publicações da mídia mediante aprovação prévia, "impedindo ou suprimindo trechos considerados impróprios, subversivos à ordem jurídica vigente"[14].

Por ser dirigida prioritariamente ao Estado, a censura importa em uma proibição de interferência ao direito individual de informação, ou seja, a liberdade de imprensa é uma garantia de que o Estado não interferirá. Em relação ao ente jornalístico, a censura consiste na "restrição prévia à liberdade de expressão realizada pela autoridade administrativa e que resulta na proibição da veiculação de determinado conteúdo"[15].

Porém, como dito, alcança não somente as autoridades administrativas, mas também, as relações privadas, ou seja, o particular também pode praticar censura à imprensa. Segundo Uadi Lammêgo[16], a proibição à censura é genérica, sendo aplicada:

[13] Branco, Paulo Gustavo Gonet, e Mendes, Gilmar Ferreira. **Curso de direito constitucional**. 1 ed. rev. e atual. São Paulo: Saraiva, 2015. p. 265.

[14] Porciúncula, André Ribeiro. **Biografias não autorizadas**: colisão entre liberdade de expressão e proteção da privacidade à luz do direito ao esquecimento – controvérsias pós-decisão do supremo tribunal federal. 334 f. Dissertação (Mestrado em Direito) – Universidade Federal da Bahia. Salvador, 2016. p. 295-296.

[15] Sarlet, Ingo Wolfgang, Marinoni, Luiz Guilherme. Mitidiero, Daniel. **Curso de direito constitucional.** 7. ed. São Paulo: Saraiva Educação, 2018. p. 525.

[16] Bulos, Uadi Lammêgo. **Curso de direito constitucional**. 8. ed. São Paulo: Saraiva, 2014. p. 580.

> (...) ao Estado, aos poderes sociais, às entidades privadas e aos meios de comunicação de massa. Igrejas, clubes fechados, partidos políticos, sindicatos, entidades de classe, associações legalmente constituídas, agremiações profissionais etc. estão impedidos, constitucionalmente, de estipular censura prévia.

Logo, a proibição de censura por particulares significa que há um interesse social por trás da liberdade de imprensa[17]. Isso significa que a opinião ou notícia, garantias individuais, são importantes para que os interesses sociais sejam realizados de forma plena e eficaz, bem como para sustentar o regime democrático. A liberdade jornalística, assim, possui um interesse social democraticamente relevante.

Nesse contexto, se mostra polêmico o embate entre o interesse coletivo e o individual. Isto, pois, se questiona se a notícia sobre pessoas deve respeitar os direitos individuais inerentes a personalidade, como a privacidade e imagem, ou se o interesse público prevalece independentemente da situação.

Devemos considerar que a absolutização de direitos gera injustiça, na medida em que seu exercício pode prejudicar outros igualmente importantes. Isso significa que a liberdade de imprensa não pode diminuir o alcance de outros direitos constitucionalmente postos, como a privacidade.

Porém, a dificuldade reside em como esse conflito pode ser resolvido, tendo em vista que a Constituição não prevê métodos de solução, bem como não hierarquiza qualquer direito fundamental. O primeiro passo, assim, é delimitar o alcance da liberdade de imprensa, para que, então, se obtenham critérios que auxiliem no deslinde do conflito.

José Afonso da Silva nos lembra que, além de direito, a liberdade de imprensa importa em um dever[18]. Isto, pois, como a mídia é um poderoso meio de formação da opinião pública, deve agir de forma objetiva, sem desvirtuar a verdade ou o sentido original da informação e se evitando a

[17] Branco, Paulo Gustavo Gonet, e Mendes, Gilmar Ferreira. **Curso de direito constitucional**. 1 ed. rev. e atual. São Paulo: Saraiva, 2015. p. 274.
[18] Silva, José Afonso da. **Curso de direito constitucional positivo**. 20. ed. São Paulo: Malheiros, 2005. p. 247.

desinformação. Deve haver um compromisso com o conteúdo da matéria veiculada, de forma que a imprensa seja imparcial e isenta de valorações ideológicas[19].

Ademais, pode-se dizer que a liberdade de informação jornalística possui uma função orientadora e fiscalizatória, pois, permite, através da comunicação[20], a indicação de quais setores da sociedade estão mais deficitários, além da presença de irregularidades, disfunções e corrupções, contribuindo, assim, para a atuação mais eficaz do Estado.

Da mesma forma que o direito de imprensa permite a realização de direitos sociais, estes, por sua vez, constroem uma sociedade mais justa e avançada, o que, por sua vez, reforça as garantias individuais. Tal fenômeno apresenta características cíclicas, pois, reforçando os direitos individuais, os direitos sociais também se fortalecem, e vice-versa.

O Supremo Tribunal Federal – STF entende, inclusive, que o interesse público e a ingerência estatal e privada na liberdade de imprensa e de informação podem expandir o âmbito de proteção destes direitos, como ocorreu com as "marchas da maconha" (ADPF nº 187), as biografias não autorizadas (ADI 4815/DF) e o direito ao esquecimento (Tema 786).

Um dos casos mais emblemáticos julgados pelo STF sobre o assunto diz respeito sobre a Arguição de Descumprimento de Preceito Fundamental nº 130[21], proposta pelo Partido Democrático Trabalhista – PDT, a fim de declarar a não recepção da Lei nº 5.250/67[22], conhecida como Lei de Imprensa, pela Constituição de 1988.

Concluiu o Pretório Excelso, a partir do voto do relator, que há uma extrema relação entre a liberdade de imprensa e o regime Democrático de direitos. Por isso, a Constituição considera que a plenitude da imprensa é essencial não só para a Democracia, mas também para a livre circulação de ideias e informações, sem que se prejudique o direito de

[19] Fabrício, Paulo Eduardo Magnani, Oliveira, Bruno Queiroz. A Perspectiva atual da Liberdade de Imprensa no Brasil. **Revista Opinião Jurídica**. V. 5, n. 9, p. 213-228, 2007.

[20] Manifestações, notícias, denúncias, posts em redes sociais etc.

[21] BRASIL. STF – **ADPF 130**. Relator: Ministro Carlos Ayres Brito. Julgado em: 30/04/2009. Disponível em: <https://redir.stf.jus.br/paginadorpub/paginador.jsp?docTP=AC&docID=605411>. Acesso em: 14 mar. 2023.

[22] BRASIL. **Lei nº 5.250**, de 9 de fevereiro de 1967. Regula a liberdade de manifestação do pensamento e de informação. Diário Oficial da União: 10 mar. 1967.

resposta e das responsabilidades civis, penais e administrativas, utilizadas após a prática do abuso.

Isto pois, a partir da interpretação do artigo 220, caput e § 1º, da CF, nenhum dispositivo legal poderia consistir em embaraço à plena liberdade de informação jornalística, de forma a não sofrer qualquer tipo de restrição ou censura prévia, observados os direitos previstos na própria Constituição (art. 5º, IV, V, X, XIII e XIV). A palavra "plena" transmite a ideia de que a imprensa possui uma liberdade completa, ao passo que, a liberdade parcial do exercício deste direito prejudica o entendimento das informações, como se transmitissem "meias verdades". Afinal, "livre" é um termo menos restrito que "plena".

Ademais, o termo "observado o disposto nesta constituição" foi interpretado de forma restritiva, a fim de que "apenas" as balizas constitucionais poderiam restringir o âmbito de aplicação da comunicação.

Este pensamento buscou servir como reação ao período ditatorial militar de censura e perseguições políticas ocorridas a jornalistas, em que ocorria o controle prévio do teor das notícias e a distorção de fatos.

Porém, ao ser comparada com os outros direitos fundamentais, a liberdade de imprensa foi referida como "sobredireito", devendo se respeitar uma ordem cronológica ou temporal, ou seja, primeiro se assegura o direito de imprensa para, só então, ser possível a cobrança do "titular de tais sobre-situações jurídicas ativas um eventual desrespeito a direitos constitucionais alheios, ainda que também densificadores da personalidade humana"[23].

Reforçando, esse foi o entendimento firmado pelo relator, o qual foi seguido pela maioria dos Ministros, embora, todos eles, tenham reconhecido o caráter de relatividade da liberdade de imprensa. Com isso, a suprema corte, nos termos do voto do relator, considerou que a própria Constituição trouxe uma forma temporal de se ponderar os direitos da privacidade e imprensa, somente podendo esta ser combatida através do direito de resposta, da tutela indenizatória ou da persecução penal, portanto, após a ocorrência do dano, se existente.

[23] BRASIL. STF – **ADPF 130**. Relator: Ministro Carlos Ayres Brito. Julgado em: 30/04/2009. Disponível em: <https://redir.stf.jus.br/paginadorpub/paginador.jsp?docTP=AC&docID=605411>. Acesso em: 14 mar. 2023. p. 45.

Isso significa que o relator, explicitamente, defendeu que a liberdade jornalística é absoluta, ao menos preventivamente, pois, de acordo com o texto constitucional, não pode sofrer qualquer restrição e nenhum meio pode embaraçar a sua plenitude, de forma que os outros direitos fundamentais são preteridos em detrimento dela.

Este entendimento dificultou bastante a promoção e desenvolvimento da tutela preventiva, de forma a manter o pensamento jurídico repressivo, que olha para o passado e equipara o dano a um valor pecuniário, ainda que o direito seja extrapatrimonial.

Como resultado do julgamento, a referida corte brasileira reconheceu a impossibilidade de uma lei regulamentar o exercício da imprensa, de forma que a Lei nº 5.250/67 foi considerada não recepcionada (em bloco) pela nova ordem constitucional, tendo em vista que trazia diversas limitações à liberdade comunicativa, o que não poderia ser admitido em um sistema em que a imprensa e a democracia são consideradas irmãs siamesas. Para ilustrar o aduzido, basta citar os artigos 1º e 2º, *caput*, da Lei de imprensa[24], *in verbis*:

> Art. 1º É livre a manifestação do pensamento e a procura, o recebimento e a difusão de informações ou idéias, por qualquer meio, e sem dependência de censura, respondendo cada um, nos têrmos da lei, pelos abusos que cometer.
> § 1º Não será tolerada a propaganda de guerra, de processos de subversão da ordem política e social ou de preconceitos de raça ou classe.
> § 2º O disposto neste artigo não se aplica a espetáculos e diversões públicas, que ficarão sujeitos à censura, na forma da lei, nem na vigência do estado de sítio, quando o Govêrno poderá exercer a censura sôbre os jornais ou periódicos e emprêsas de radiodifusão e agências noticiosas nas matérias atinentes aos motivos que o determinaram, como também em relação aos executores daquela medida.
> Art. 2º É livre a publicação e circulação, no território nacional, de livros e de jornais e outros periódicos, salvo se clandestinos (art. 11) ou quando atentem contra a moral e os bons costumes.

[24] BRASIL. **Lei nº 5.250**, de 9 de fevereiro de 1967. Regula a liberdade de manifestação do pensamento e de informação. Diário Oficial da União: 10 mar. 1967.

A partir da leitura dos dispositivos inaugurais da Lei de imprensa, percebe-se como o governo militar detinha o poder de controlar o conteúdo divulgado por jornais, uma vez que qualquer notícia com teor crítico ou atentatório ao regime ditatorial, por exemplo, poderia ser classificada como "propaganda de subversão da ordem política e social", ou ainda como violadora da "moral e dos bons costumes", podendo ser apreendida, nos termos do artigo 61. Nestes casos, a matéria jornalística era censurada, correndo o risco de o jornalista ser preso. A admissão explícita da censura serviu como forma de controle social da divulgação das informações.

A liberdade de imprensa, assim, passou a ser cada vez mais valorizada após a promulgação da Constituição Federal de 1988, sendo certamente um dos direitos que mais auxilia no mantimento do regime democrático, merecendo tratamento compatível com tal importância.

Porém, não é um direito absoluto[25], ou seja, não é ilimitada, de forma que, caso haja abusos, excessos ou qualquer tipo de violência, aferidos casuisticamente, é possível o estabelecimento de indenizações e demais medidas tendentes a diminuir a liberdade comunicativa da mídia, principalmente quando comprovada a sua intenção de violar direitos. Tal entendimento segue a máxima de que "nenhum direito fundamental é absoluto".

Por sorte, o próprio poder constituinte trouxe alguns limites na Constituição, como a vedação ao anonimato. Esta limitação visa dar condições à responsabilização penal ou civil pelo autor de alguma manifestação ofensiva, segundo o STF[26]. Porém, a vedação ao anonimato não alcança o sigilo da fonte jornalística, segundo o artigo 5º, XIV, da Constituição.

Os outros direitos fundamentais, como a intimidade, privacidade, honra e imagem, também servem de balizas, para poder haver uma garantia harmônica de direitos. São eles igualmente protegidos da liberdade

[25] Bulos, Uadi Lammêgo. **Curso de direito constitucional**. 8. ed. São Paulo: Saraiva, 2014. p. 580.

[26] Sarlet, Ingo Wolfgang, Marinoni, Luiz Guilherme. Mitidiero, Daniel. **Curso de direito constitucional**. 7. ed. São Paulo: Saraiva Educação, 2018. p. 527.

de imprensa para que "os eventuais abusos e lesões a direitos possam ser sancionados e compensados posteriormente"[27].

A existência destes direitos cofundamentais permite a responsabilização do autor por ofensas e garante à vítima o direito de resposta proporcional ao agravo[28]. Os abusos podem configurar ilícitos civis, geradores de danos patrimoniais e extrapatrimoniais, em uma tradicional tutela repressiva.

Podem ser citadas, além disso, as restrições relacionadas à publicidade comercial[29], como a de bebidas alcoólicas, tabaco, agrotóxicos e medicamentos (art. 220, § 4º) e de programas das emissoras de rádio e televisão (art. 220, § 3º, II)[30]. A ausência de indicação de faixa etária em peças teatrais, filmes ou quaisquer representações ou espetáculos pode sujeitar a casa de espetáculo e aos órgãos de publicidade e divulgação multa no valor de três a vinte salários de referência, podendo ser duplicada em caso de reincidência[31].

Tais limitações são relevantes para a ordem econômica e social, pois, impedem, por exemplo, a concorrência desleal e o induzimento de consumidores e menores, além de permitir a conscientização sobre a segurança e saúde de produtos[32].

A proteção à juventude também limita a liberdade de imprensa, vez que a Constituição Federal (art. 227) resguarda a criança, o adolescente e o jovem de qualquer "forma de negligência, discriminação, expiração, violência, crueldade e opressão". Ademais, podem ser citadas algumas passagens

[27] SARLET, Ingo Wolfgang, MARINONI, Luiz Guilherme. MITIDIERO, Daniel. **Curso de direito constitucional**. 7. ed. São Paulo: Saraiva Educação, 2018. p. 526.

[28] BRASIL. **Constituição da República Federativa do Brasil de 1988**. Diário Oficial da União: 05 out. 1988.

[29] SARLET, Ingo Wolfgang, MARINONI, Luiz Guilherme. MITIDIERO, Daniel. **Curso de direito constitucional**. 7. ed. São Paulo: Saraiva Educação, 2018. p. 521.

[30] BRASIL. **Constituição da República Federativa do Brasil de 1988**. Diário Oficial da União: 05 out. 1988.

[31] Art. 253. BRASIL. **Lei nº 8.069**, de 13 de Julho de 1990. Dispõe sobre o Estatuto da Criança e do Adolescente e dá outras providências. Diário Oficial da União: 27 set. 1990.

[32] SARLET, Ingo Wolfgang, MARINONI, Luiz Guilherme. MITIDIERO, Daniel. **Curso de direito constitucional**. 7. ed. São Paulo: Saraiva Educação, 2018. p. 522.

do Estatuto da Criança e do Adolescente[33], as quais fortalecem as previsões constitucionais ao prever, por exemplo, a obrigatoriedade da promoção da privacidade da criança e do adolescente na aplicação de medidas de proteção como princípio orientador (artigo 100, parágrafo único, V).

Nestes termos, a notícia, segundo Branco e Mendes[34]:

> (...) poderá sofrer recuo quando o seu conteúdo puser em risco uma educação democrática, livre de ódios preconceituosos e fundada no superior valor intrínseco de todo ser humano. A liberdade de expressão, num contexto que estimule a violência e exponha a juventude à exploração de toda sorte, inclusive a comercial, tende a ceder ao valor prima facie prioritário da proteção da infância e da adolescência.

O exercício da liberdade de imprensa também encontra restrições nas legislações infraconstitucionais, como as que regulam as infrações penais. Podem ser citados os crimes contra a honra (artigos 138 a 145 do Código Penal), a incitação ao crime e apologia ao crime ou criminoso (artigos 286 e 287, respectivamente, do Código Penal), e a prática do racismo (Lei nº 7.716/89). Em todos estes casos, a manifestação não se limita a mera comunicação, mas, ao contrário, viola outros bens jurídicos, como a honra e a paz pública.

Sobre o assunto, convém citar o caso Schenck vs United States[35] (249 US 47, 1919), em que foi reconhecida a possibilidade de responsabilização criminal por discursos que gerem perigos ou males gravíssimos, os quais não poderiam ser protegidos pela primeira emenda.

A relatividade do direito de expressão foi reconhecida com base na teoria do perigo real e iminente (clear and present danger), criada, a partir de 1960, por Oliver Wendell Holmes Jr., juiz da suprema corte ame-

[33] BRASIL. **Lei nº 8.069**, de 13 de Julho de 1990. Dispõe sobre o Estatuto da Criança e do Adolescente e dá outras providências. Diário Oficial da União: 27 set. 1990.

[34] BRANCO, Paulo Gustavo Gonet, e MENDES, Gilmar Ferreira. **Curso de direito constitucional**. 1 ed. rev. e atual. São Paulo: Saraiva, 2015. p. 271.

[35] BRASIL. STF – **ADPF 130**. Relator: Ministro Carlos Ayres Brito. Julgado em: 30/04/2009. Disponível em: <https://redir.stf.jus.br/paginadorpub/paginador.jsp?docTP=AC&docID=605411>. Acesso em: 14 mar. 2023. p. 158.

ricana[36]. O magistrado, ao analisar o caso, votou no sentido de manter a condenação criminal do Sr. Schenck por realizar discursos e panfletagens de conteúdo violento contra o governo estadunidense, devido a entrada dos Estados Unidos na primeira guerra mundial, entendimento seguido pelos seus pares. O critério do perigo real e iminente passou a ser um parâmetro para a solução de casos envolvendo a liberdade de expressão, embora tenha se mostrado instável por gerar decisões ora muito acertadas, ora muito questionáveis[37].

Em razão da possibilidade de a palavra ser usada para instaurar o caos generalizado, o discurso de ódio (*hate speech*)[38], por exemplo, não é amparado pela proteção constitucional à comunicação[39]. A ideia é banir qualquer conduta que inferiorize ou menospreze uma pessoa, ou grupo por questões raciais, religiosas, étnicas, políticas, sexuais, etc. A discriminação possui um efeito antidemocrático, pois, inibe a participação desses grupos nas atividades da sociedade civil[40].

Além disso, a "desqualificação que o discurso de ódio provoca tende a reduzir a autoridade dessas vítimas nas discussões de que participam, ferindo a finalidade democrática que inspira a liberdade de expressão"[41].

Desta forma, a prática de atos criminosos não pode ser amparada pelo direito de imprensa, sob pena de se anular os direitos da privacidade, o que significa que a legislação penal e, portanto, infraconstitucional, serve

[36] Terra, Felipe Mendonça. Razão ou sensibilidade? Decidindo casos sobre liberdade de expressão: lições do cenário norte-americano. **Revista Universitas JUS**. v. 27, n. 1, p. 163-187, 2016.

[37] Terra, Felipe Mendonça. Razão ou sensibilidade? Decidindo casos sobre liberdade de expressão: lições do cenário norte-americano. **Revista Universitas JUS**. v. 27, n. 1, p. 163-187, 2016.

[38] Silva, Felipe Ventin da. **A tutela preventiva dos direitos de personalidade e a liberdade de informação jornalística**. 286 f. Dissertação (Mestrado em Direito) – Universidade Federal da Bahia. Salvador, 2011. p. 159.

[39] Sarlet, Ingo Wolfgang, Marinoni, Luiz Guilherme. Mitidiero, Daniel. **Curso de direito constitucional**. 7. ed. São Paulo: Saraiva Educação, 2018. p. 532.

[40] Branco, Paulo Gustavo Gonet, e Mendes, Gilmar Ferreira. **Curso de direito constitucional**. 1 ed. rev. e atual. São Paulo: Saraiva, 2015. p. 274.

[41] Branco, Paulo Gustavo Gonet, e MENDES, Gilmar Ferreira. **Curso de direito constitucional**. 1 ed. rev. e atual. São Paulo: Saraiva, 2015. p. 274.

de baliza ao referido direito fundamental, sem que, entretanto, haja incompatibilidade.

Destaca-se a relevância da liberdade jornalística, como dito, para a promoção do direito de informação. Pergunta-se, a partir desta ótica, quais são os limites a ela aplicados. Isto, pois, o jornalista, ao informar, pode tecer críticas, comentários e opiniões passíveis de desagradar autoridades ou indivíduos, o que não significa, necessariamente, que se trata de abuso.

Nesse sentido, Uadi Lammêgo Bulos[42] afirma o seguinte:

> A liberdade de expressão, quando exercida nos parâmetros constitucionais, representa uma salvaguarda para o regime democrático. É o caso do direito de crítica jornalística, que está imune a todo tipo de restrição, inclusive por parte dos Poderes Públicos. O Judiciário, por exemplo, não pode impor, segundo convicções próprias do magistrado, cerceamentos a comentários jornalísticos de natureza política, sociológica, filosófica, ideológica ou confessional, nem estabelecer padrões de conduta cuja observância implique restrição aos meios de divulgação do pensamento.

Desse modo, ainda que a manifestação jornalística seja implicante, incômoda ou ácida, não deve sofrer controle ou censura, vez que não ultrapassa os limites da liberdade de expressão. Assim:

> O que realmente importa no papel da imprensa é a lealdade com a veracidade das análises expostas e a transmissão de notícias livres de vícios, pois, a informação é algo vital para o desenvolvimento da sociedade[43].

Além do dever de a notícia ser verdadeira, é preciso que a notícia tenha alguma relevância social, o que se mostra como essencial no exercício do direito de comunicação, sendo, portanto, uma baliza. A ocorrência de fatos históricos, da mesma forma, parece estar envolvida pelo

[42] Bulos, Uadi Lammêgo. **Curso de direito constitucional**. 8. ed. São Paulo: Saraiva, 2014. p. 581.

[43] Fabrício, Paulo Eduardo Magnani, Oliveira, Bruno Queiroz. A Perspectiva atual da Liberdade de Imprensa no Brasil. **Revista Opinião Jurídica**. V. 5, n. 9, p. 213-228, 2007.

dever de verdade[44]. Tais perspectivas visam fornecer informações úteis aos cidadãos a respeito dos mais variados temas, também consistindo, em verdade, em direito fundamental.

Foram vistos, até agora, alguns limites relativos à liberdade de imprensa. Eles se mostram como essenciais para um sistema equilibrado e harmônico de direitos fundamentais.

Porém, os limites existentes se caracterizam por certa subjetividade, o que aumenta a insegurança jurídica no controle exercido pelo Poder Judiciário sobre o direito de imprensa. Isto, pois, foram criados a partir de interpretação jurisdicional da Constituição e da Teoria do Direito Constitucional.

Além disso, decorrem, em sua maioria, de decisões judiciais desprovidas de caráter vinculante, podendo simplesmente serem afastadas no caso concreto por decisão do magistrado.

Por isto, a regulamentação da liberdade de imprensa é algo necessário, não só para explicitar o que seria uma reportagem desprovida de abusividade, mas, também, para positivar os limites impostos à imprensa, estabelecidos a critério do legislador, a fim de reduzir a subjetividade do julgamento destes casos.

Ao criar uma nova lei de imprensa, se estaria vinculando os juízes aos parâmetros estabelecidos em lei, o que aumenta, por conseguinte, a segurança jurídica e previsibilidade das decisões.

Não se pode olvidar, entretanto, que este tema é extremamente problemático. A regulamentação da liberdade de imprensa representaria uma ruptura ao pensamento atual, equivocado, que prega pelo caráter praticamente absoluto da liberdade de imprensa, sendo o raciocínio idêntico para o direito de expressão.

Talvez este entendimento seja explicado pelo temor do Brasil de retornar ao regime de exceção, em que a mordaça era imposta à imprensa e ao cidadão.

Porém, a ideia de abandonar a existência de qualquer limite é extremamente perigosa, pois, justifica a violação de direitos igualmente fundamentais. Basta analisarmos o atual fenômeno de divulgação sem

[44] SARLET, Ingo Wolfgang, MARINONI, Luiz Guilherme. MITIDIERO, Daniel. **Curso de direito constitucional**. 7. ed. São Paulo: Saraiva Educação, 2018. p. 521.

escrúpulos de "Fake News", suposições e acusações infundadas, teorias da conspiração e ofensas, inclusive por autoridades públicas. Tais condutas são praticadas sob a indevida tutela do direito de expressão e de imprensa, o que, em verdade, se trata de abuso.

A atual resistência à regulamentação do direito de expressão e imprensa, que não se confunde necessariamente com limitação, foi evidenciada pela grande repercussão midiática e digital causada pelas discussões ocorridas no mês de maio deste ano, as quais envolvem o Projeto de Lei nº 2.630/2020[45].

De um lado, os defensores do projeto justificam a sua necessidade para combater a desinformação, o discurso de ódio e as ofensas praticadas no meio digital. Os opositores, por sua vez, criticam o projeto por suposta ofensa ao direito de expressão e de imprensa, com a consequente censura aos usuários e aos provedores de redes sociais.

Inicialmente, cabe um rápido comentário sobre o assunto. O projeto não se trata de censura, pois, primeiro, seria aplicado aos casos de divulgação "Fake News", os quais, por sua vez, não estariam amparados pelo direito de expressão[46]. Ademais, é comum que estas postagens sejam feitas por usuários anônimos, o que também ressalva o referido direito de expressão, vez que é vedado o anonimato (art. 5º, IV, CF). Por tais razões, não há que se falar em censura, ao menos em uma análise rasa, como costumeiramente realizada no âmbito político.

Em verdade, o que se busca com a proposição legislativa é impor aos provedores a obrigação de moderar as publicações dos seus usuários, os quais vêm postando, sem qualquer controle, não só notícias falsas e "spam", mas, também, ofensas a autoridades e instituições públicas.

Este tipo de conteúdo costuma circular sem contestação em "bolhas virtuais", as quais englobam um determinado grupo de indivíduos que,

[45] BRASIL. Câmara dos Deputados. **Projeto de Lei nº 2.630,** de 03 de julho de 2020. Institui a Lei Brasileira de Liberdade, Responsabilidade e Transparência na Internet. Brasília: Câmara dos Deputados. Disponível em: <https://www.camara.leg.br/propostas-legislativas/2256735>. Acessado em: 22 mai. 2023.

[46] BORGES, Gabriel Oliveira de Aguiar, LONGHI João Victor Rozatti, GUILHERME, Martins Magalhães. Comentários acerca de alguns pontos do projeto de lei das fake news sob a ótica da responsabilidade civil. **Revista IBERC**. v. 4, n. 1, p. 35-51, jan./abr. 2021.

por terem interesses parecidos, acabam recebendo do algoritmo das redes sociais somente conteúdos que tenham relação com estes gostos, o que acaba gerando polarização e rejeição de posicionamentos e opiniões opostas, principalmente se envolver ideologia política[47].

A desinformação, nestes casos, circula com uma grande margem de aceitação, vez que advém do próprio algoritmo do provedor de redes sociais. Com isso, a credibilidade da postagem depende da vulnerabilidade do receptor e da credibilidade do emissor[48].

Ocorre que determinados setores da sociedade estão mais sujeitos a acreditar e compartilhar determinado conteúdo falso, vez que não possuem esclarecimento o suficiente para diferenciar o que é verdade do que não é.

Ainda que o tenha, a radicalização, ou polarização, é um fator que torna estes indivíduos "escravos-cegos" de sua própria ideologia, reproduzindo publicações que, por várias vezes, contém discursos intolerantes, falas preconceituosas e discursos de ódio.

Dessa forma, a moderação proposta no projeto de lei visa justamente evitar a reprodução de "Fake News" e demais discursos que extrapolem a liberdade de expressão e de imprensa.

Outra questão que justifica a regulação do controle dos provedores de redes sociais é a dificuldade na identificação dos usuários, o que inviabiliza a responsabilização em caso de ilícito civil ou penal. Em várias situações, são utilizadas contas falsas para ofender autoridades e instituições, e promover "Fake News".

Ainda que sejam utilizadas contas reais, a escassez de informações do usuário no banco de dados do provedor também contribui para tal impunidade, vez que prejudica a sua identificação.

[47] Holanda, Lucas Nogueira, Teixeira, Felipe Coelho. A importância da regulamentação de mídias sociais em estados democráticos: uma análise de direito comparado entre o projeto de lei nº 2630/2020 e a legislação portuguesa. **Revista Foco.** Curitiba/PR. v.16. n.2. p.01-23. 2023.

[48] Jardelino, Fábio, Cavalcanti, Davi Barboza, Toniolo, Bianca Persici. A proliferação das fake news nas eleições brasileiras de 2018. **Comunicação Pública**. v. 15, n. 28, 2020.

O PL nº 2.630, também chamado de "PL das Fake News" ou "PL da censura", institui a Lei Brasileira de Liberdade, Responsabilidade e Transparência na Internet, além de estabelecer "normas, diretrizes e mecanismos de transparência para provedores de redes sociais e de serviços de mensageria privada a fim de garantir segurança e ampla liberdade de expressão, comunicação e manifestação do pensamento" (art. 1º).

O alvoroço foi causado devido a discursos contrários ao referido projeto de lei, no sentido de que este, supostamente, promoveria a censura à mídia e ao particular. Ou seja, caso seja aprovado, haveria uma restrição à liberdade de expressão e de imprensa.

É evidente que este tipo de discurso distorce a verdade. Como será visto, a finalidade do PL é, dentre outras, obrigar os provedores de redes sociais a assumirem a responsabilidade pelo processo democrático, defender a liberdade de expressão, vedar a prática de censura e buscar uma maior transparência sobre a moderação de conteúdos postados pelos seus usuários, promovendo, inclusive, o contraditório e ampla defesa.

A grande problemática envolve a publicação em massa de notícias falsas por meio de usuários inautênticos. Por isto, a proposição legislativa visa obrigar os provedores a moderarem este tipo de postagem, a qual se mostra como um risco à democracia, à segurança nacional (em alguns casos), à promoção do direito de informação e à verdade.

A necessidade da regulação decorreu de vários fatos. Dentre eles, pode ser citada a contradição por parte de algumas redes sociais, as quais censuravam publicações de uma parcela da população sem qualquer razão aparente ou justificativa, enquanto se mantinha inerte frente a publicações ofensivas, "Fake News" e "spam", praticados por outra parcela. Além disso, como já ocorreu em alguns casos, algumas redes se negaram a se submeter ao poder público brasileiro, embora prestem serviços diretamente ao Brasil.

Já no começo do texto (art. 2º), foi prevista a obrigação de se respeitar os princípios e garantias previstos nas Leis nº 9.504/97 (Lei das Eleições), nº 8.078/90 (Código de Defesa do Consumidor), nº 12.9651414 (Marco Civil da Internet) e nº 13.70918 (Lei Geral de Proteção de Dados Pessoais).

No art. 3º do PL 2.630 consta a previsão de que a lei se pautará em uma série de princípios, como o da liberdade de expressão e de imprensa, a garantia dos direitos de personalidade, da dignidade, da honra e da privacidade do indivíduo, respeito ao usuário em sua livre formação de preferências políticas e de uma visão de mundo pessoal e responsabilidade compartilhada pela preservação de uma esfera pública livre, plural, diversa e democrática.

Percebe-se que, ao invés de mitigar direitos, o projeto os garante. Por isto, o direito de expressão e imprensa não seriam restritos, mas, ao contrário, garantidos.

O projeto tem como objetivos (art. 4º):

> Art. 4º Esta Lei tem como objetivos:
> I – o fortalecimento do processo democrático por meio do combate ao comportamento inautêntico e às redes de distribuição artificial de conteúdo e do fomento ao acesso à diversidade de informações na internet no Brasil;
> II – a defesa da liberdade de expressão e o impedimento da censura no ambiente online;
> III – a busca por maior transparência das práticas de moderação de conteúdos postados por terceiros em redes sociais, com a garantia do contraditório e da ampla defesa; e
> IV – a adoção de mecanismos e ferramentas de informação sobre conteúdos impulsionados e publicitários disponibilizados para o usuário.

Novamente, há o reforço sobre a garantia dos direitos de manifestação e vedação à censura, bem como, a busca pela promoção da informação.

Em seguida, os deveres impostos aos provedores de redes sociais foram previstos no art. 6º, in verbis:

> Art. 6º Com o objetivo de proteger a liberdade de expressão e o acesso à informação e fomentar o livre fluxo de ideias na internet, os provedores de redes sociais e de serviços de mensageria privada, no âmbito e nos limites técnicos de seu serviço, devem adotar medidas para:
> I – vedar o funcionamento de contas inautênticas;
> II – vedar contas automatizadas não identificadas como tal, entendidas como aquelas cujo caráter automatizado não foi comunicado ao provedor de aplicação e, publicamente, aos usuários; e

> III – identificar todos os conteúdos impulsionados e publicitários cuja distribuição tenha sido realizada mediante pagamento ao provedor de redes sociais.

O art. 12 prevê que os provedores devem garantir o acesso à informação e a liberdade de expressão dos seus usuários nos processos de elaboração e aplicação de seus termos de uso. Para isto, disponibilizarão mecanismos de recurso e devido processo.

Caso algum usuário viole os termos de uso, ele será notificado sobre a fundamentação da medida aplicada ou da denúncia, sobre o processo de análise e os prazos e procedimentos para a sua contestação (art. 12, § 1º). É assegurado, inclusive, o direito de recurso (art. 12, § 3º).

Esta comunicação será afastada, entretanto, nas hipóteses previstas no art. 12, § 2º, expostas a seguir:

> Art. 12. § 2º Os provedores dispensarão a notificação aos usuários se verificarem risco:
> I – de dano imediato de difícil reparação;
> II – para a segurança da informação ou do usuário;
> III – de violação a direitos de crianças e adolescentes;
> IV – de crimes tipificados na Lei nº 7.716, de 5 de janeiro de 1989;
> V – de grave comprometimento da usabilidade, integridade ou estabilidade da aplicação.

Caso a moderação realizada seja equivocada, vindo a causar dano ao usuário, o provedor de redes sociais deverá repará-lo (art. 12, § 4º). Além disso, o provedor deverá assegurar ao ofendido direito de resposta, cujo alcance será igual ao do conteúdo tido como inadequado (art. 12, § 6º).

No art. 25 consta a obrigação do Congresso Nacional de instituir o Conselho de Transparência e Responsabilidade na Internet, no prazo de sessenta dias contados da publicação da lei, mediante ato próprio.

O conselho terá como atribuição a realização de estudos, pareceres e recomendações sobre liberdade, responsabilidade e transparência na internet, tendo as seguintes competências (art. 25, parágrafo único):

> I – elaborar seu regimento interno, que, para entrar em vigor, deverá ser aprovado pela Mesa do Senado Federal;
> II – elaborar código de conduta para redes sociais e serviços de mensageria privada, a ser avaliado e aprovado pelo Congresso Nacional, aplicável para a garantia dos princípios e objetivos estabelecidos nos arts. 3º e 4º desta Lei, dispondo sobre fenômenos relevantes no uso de plataformas por terceiros, incluindo, no mínimo, desinformação, discurso de incitação à violência, ataques à honra e intimidação vexatória;
> III – avaliar os dados constantes nos relatórios de que trata o art. 13 desta Lei;
> IV – publicar indicadores sobre o cumprimento dos códigos de conduta pelo setor;
> V – avaliar a adequação das políticas de uso adotadas pelos provedores de redes sociais e de serviços de mensageria privada;
> VI – organizar, anualmente, conferência nacional sobre liberdade, responsabilidade e transparência na internet;
> VII – realizar estudos para a criação de fundo para financiamento da educação digital no Brasil;
> VIII – avaliar os procedimentos de moderação adotados pelos provedores de redes sociais, bem como sugerir diretrizes para sua implementação;
> IX – promover estudos e debates para aprofundar o entendimento sobre desinformação, e o seu combate, no contexto da internet e das redes sociais;
> X – certificar a entidade de autorregulação que atenda aos requisitos previstos nesta Lei; e
> XI – estabelecer diretrizes e fornecer subsídios para a autorregulação e para as políticas de uso dos provedores de redes sociais e de serviços de mensageria privada.

O art. 31, por sua vez, dispõe sobre as sanções impostas aos provedores de redes sociais e de serviços de mensageria privada.

Sem prejuízo das demais sanções civis, criminais ou administrativas, as entidades citadas serão sujeitadas à advertência, com indicação de prazo para adoção de medidas corretivas ou à multa de até dez por cento do faturamento, no seu último exercício, do grupo econômico no Brasil.

O § 1º do mesmo artigo traz a observância de algumas circunstâncias relevantes para o montante da sanção aplicada. Com isso, o juiz deve se atentar à proporcionalidade, condição econômica do infrator, consequências da infração na esfera coletiva e a reincidência na aplicação da sanção.

Já no § 2º consta a previsão de que se considera reincidente aquele que repetir alguma das condutas anteriormente sancionadas no prazo de seis meses.

Os valores arrecadados com estas sanções serão destinados ao Fundo de Manutenção e Desenvolvimento da Educação Básica e de Valorização dos Profissionais da Educação (Fundeb) e serão aplicados em ações de educação e alfabetização digitais (art. 33).

Por fim, há no art. 32 uma previsão que força os provedores a atender as ordens emanadas por autoridades judiciais brasileiras, através, por exemplo, do dever de manter a sede e representantes legais no Brasil.

O mesmo dispositivo onera os provedores a disponibilizar seus bancos de dados, os quais conterão informações referentes aos usuários, o que minimiza, teoricamente, a dificuldade em responsabilizar usuários anônimos.

Conclui-se que o projeto de Lei nº 2.630 visa tão somente estabelecer parâmetros de atuação para os provedores de redes sociais, os quais vêm exercendo de forma insuficiente ou inexistente o controle sobre, dentre outras, postagens em massa, "Fake News" e contas inautênticas.

Percebe-se que a primeira versão do projeto, analisada neste trabalho, não trouxe algumas previsões importantes. Por exemplo, não explicitou qual órgão público o Conselho de Transparência e Responsabilidade na Internet estaria subordinado, bem como, não definiu o que seria "Fake News". Espera-se que, com o advento dos debates legislativos, haja uma série de modificações no texto a fim de suprir tais questões.

Embora seja um tema polêmico, a moderação de conteúdo de redes sociais deve ocorrer para se respeitar a liberdade de manifestação (expressão e imprensa) e os direitos personalíssimos.

Além disso, o controle sobre conteúdo visa atender o interesse constitucional de promover uma informação livre de qualquer mentira ou tendência político-ideológica.

Por fim, o projeto de Lei nº 2.630 foi uma resposta ao atual contexto social, que tende a absolutizar direitos. Ante a ignorância, excesso ou abuso no exercício de determinado direito, este deverá ser regulado, de forma a se explicitar seus limites, o que não se confunde com redução de direitos.

Encerrada esta questão, insta mencionar que a outra face do direito da imprensa de fornecer informação é o direito de acesso à informação. Segundo a doutrina[49]:

> Passou a operar como elemento central de um Estado Democrático de Direito, seja pelo fato de permitir o exercício consciente e responsável da cidadania e dos direitos políticos, seja como meio de assegurar o controle social e a transparência e publicidade por parte do poder público e dos seus atos.

A informação, para ser abrangida pela proteção constitucional, deve dizer respeito ao próprio indivíduo ou ser de interesse coletivo, ou geral, salvo no caso de sigilo que "seja imprescindível à segurança da sociedade e do Estado"[50].

Por sinal, convém mencionar a Lei nº 12.527/2011[51], conhecida como Lei de acesso à informação, a qual regulamenta, entre outras previsões, a contida no art. 5º, XXXIII, CF. A Constituição resguardou o direito de ser informado, ou seja, o direito de o indivíduo "buscar por informação, notícia, opinião, livremente, sem obstáculo"[52].

Basicamente, qualquer órgão público, seja federal, estadual ou municipal, da administração direta ou indireta, deve atender o comando

[49] SARLET, Ingo Wolfgang, MARINONI, Luiz Guilherme. MITIDIERO, Daniel. **Curso de direito constitucional**. 7. ed. São Paulo: Saraiva Educação, 2018. p. 559.

[50] Art. 5º, "XXXIII – todos têm direito a receber dos órgãos públicos informações de seu interesse particular, ou de interesse coletivo ou geral, que serão prestadas no prazo da lei, sob pena de responsabilidade, ressalvadas aquelas cujo sigilo seja imprescindível à segurança da sociedade e do Estado". BRASIL. **Constituição da República Federativa do Brasil de 1988**. Diário Oficial da União: 05 out. 1988.

[51] BRASIL. **Lei nº 12.527**, de 18 de novembro de 2011. Regula o acesso a informações previsto no inciso XXXIII do art. 5º, no inciso II do § 3º do art. 37 e no § 2º do art. 216 da Constituição Federal; altera a Lei nº 8.112, de 11 de dezembro de 1990; revoga a Lei nº 11.111, de 5 de maio de 2005, e dispositivos da Lei nº 8.159, de 8 de janeiro de 1991; e dá outras providências. Diário Oficial da União: 18 nov. 2011.

[52] JÚNIOR. José Ribamar Mendes. Os direitos da personalidade e a liberdade de imprensa: a condenação antecipada do acusado ante a exposição massificada da mídia. **Revista ESMAT**. Ano 7, nº 9, Pág. 33-50, Jan./Jun. 2015.

constitucional de acesso à informação. Isso significa que quaisquer atos públicos devem respeitar os princípios da administração pública, principalmente o da publicidade, ressalvadas as exceções legais. A publicidade deve ser o preceito geral, enquanto o sigilo, a exceção.

De acordo com o artigo 3º da referida lei, não basta somente a informação ser acessível, mas é preciso que ela seja ativamente divulgada, os meios de divulgação sejam lícitos, a cultura da transparência seja fomentada e o controle social da administração pública seja desenvolvido.

Ademais, os órgãos e entidades do poder público devem garantir a disponibilidade, autenticidade e integridades das informações tratadas e armazenadas.

De forma geral, o acesso à informação não pode ser negado. Ressalva-se, porém, a informação sigilosa, carente de interesse público ou referente a interesses particulares.

O nível de publicidade da informação dependerá do seu grau de privacidade. Por exemplo, informações relativas à gestão do Governo Federal em determinado ano são muito mais acessíveis e contém mais interesse público do que informações que dizem respeito à vida privada de determinado Deputado Federal. Cada situação deverá ser analisada para permitir a atribuição de um grau de privacidade e interesse público.

Dessa forma, caso exista, por exemplo, uma situação em que não contenha um interesse público evidente, dizendo respeito apenas à privacidade ou imagem de um indivíduo, ou haja incertezas sobre a veracidade da notícia, o cidadão terá amparo constitucional, podendo, para tanto, se valer de medidas judiciais para assegurar a sua privacidade. Assim, as informações que dizem respeito a interesse alheio são protegidas de violações, prevalecendo, em tese, os direitos da privacidade.

Não ocorrendo as hipóteses expostas exemplificativamente, a liberdade de imprensa não deve sofrer quaisquer limitações. O Estado não pode definir quais conteúdos jornalísticos são convenientes, cabendo esta tarefa ao destinatário da mensagem.

A liberdade de imprensa gera polêmicas, principalmente quando se trata de falas em mídias e redes sociais, pois, o cidadão médio não conhece seus direitos e nem seus deveres. Assim, um contexto social ideal seria aquele em que houvesse tolerância mútua, permitindo o pleno exercício da liberdade de informar, sem excessos, abusos ou ofensas.

Pelo fato deste imaginário estar longe da realidade, é preciso o estabelecimento de meios de ressalvar os abusos midiáticos praticados. Pergunta-se, então, como o noticiado pode agir em caso de abuso do direito de imprensa da noticiante? A Constituição Federal nos traz o direito de resposta e a indenização por danos morais e materiais como formas de controle do exercício excessivo do direito à imprensa[53].

Porém, a indenização civil prevista pela CF possui nítido caráter repressivo[54]. Isso significa que a indenização ocorre pós-danos, seguindo a sistemática padrão da responsabilidade civil, em que é preciso a comprovação simultânea da conduta culposa, dano e nexo de causalidade.

Há situações, entretanto, em que o combate pós-danos se mostra inútil para a vítima, seja pela natureza do direito violado, seja pela condenação a indenizações extremamente baixas.

Como exemplo, convém citar o caso em que a mídia divulga notícia falsa sobre determinado sujeito, lhe imputando, por exemplo, a prática de crime sexual inverídico. Aqui, a "revelação verdadeira só virá tempos de pois, com pequena nota de jornal; mas, sobretudo, tardiamente, quando, segundo a 'Teoria da notoriedade', já não lhe teriam restado vias processuais e legais de defender sua honra"[55].

Isso reafirma o aduzido neste trabalho, no sentido de que a mídia não possui amparo ilimitado às suas manifestações. Ao contrário, pode a empresa jornalística ou o profissional serem responsabilizados civil e penalmente a depender do cunho da notícia informada.

Com isso, a reparação por danos e demais vias repressivas podem se mostrar como insuficientes e exíguas em casos que envolvam a violação à honra, imagem, intimidade e privacidade, pois, não são aptas a reconstituir a integridade moral do indivíduo, o qual, ainda que recebendo

[53] Art. 5º, V – é assegurado o direito de resposta, proporcional ao agravo, além da indenização por dano material, moral ou à imagem; BRASIL. **Constituição da República Federativa do Brasil de 1988**. Diário Oficial da União: 05 out. 1988.

[54] Novelino, Marcelo. **Curso de direito constitucional**. 11. ed. rev., ampl. e atual. Salvador: Ed. JusPodivm, 2016. p. 347.

[55] Araújo, Francisco Marcos de. **Ponderação de bens na superação da colisão entre a liberdade de imprensa e direito à privacidade no sistema constitucional brasileiro**. 352 f. Dissertação (Mestrado em Direito) – Universidade Federal do Rio Grande do Norte. Natal, 2017. p. 187.

valores ou recebendo um pedido de desculpas, continua com a imagem ofendida, sofrendo retaliação e ofensas.

Parte da doutrina[56] critica o viés tradicional do ilícito civil, no sentido de que este regime impõe à vítima uma abstenção de atuação preventiva, devendo aguentar os danos para, só então, usar a ação reparatória.

Destarte, a tutela inibitória se mostra como alternativa preventiva para evitar os efeitos lesivos causados pela ofensa à privacidade, vez que inibe, por exemplo, a publicação de uma notícia danosa à imagem de alguém. Isso garante que os direitos substanciais se mantenham íntegros, pois, a atuação é pré-danos, o que garante a tutela jurisdicional efetiva buscada pela Constituição. Os benefícios da tutela preventiva, assim, são notórios: a atuação preventiva preserva o direito e evita a vastidão de efeitos maléficos causados pela exposição abusiva da privacidade ou imagem de um indivíduo, ainda que seja verdadeira.

Porém, este instrumento processual não é a solução definitiva para o conflito entre os direitos mencionados. É preciso que o juiz, para seu manejo, pondere, no caso concreto, se a privacidade pode prevalecer sobre à liberdade de imprensa, caso em que será possível a sua instrumentalização pela inibição processual.

Para isso, é preciso saber se a tutela inibitória configura hipótese de violação ao direito de imprensa, pois, em regra, é um direito inalcançável pelo Estado. Neste momento, importa expor, apenas, que um direito não pode ser prejudicado pela simples incidência de outro. É preciso que o jurista entenda as repercussões de cada direito para, assim, poder fazer uma análise aprofundada sobre a prevalência de cada um.

Passamos, então, à análise da intimidade, vida privada, honra e imagem, a fim de saber seus limites e como a tutela preventiva pode ser mais benéfica em situações envolvendo estes direitos.

[56] Farias, Cristiano Chaves de, Rosenvald, Nelson, e Braga Netto, Felipe Peixoto. **Curso de direito civil**: responsabilidade civil. 4. ed. rev. e atual. Salvador: Ed. JusPodivm, 2017. p. 167.

2.2 Da intimidade, vida privada, honra e imagem

A Constituição Federal[57] assegurou aos indivíduos a inviolabilidade da intimidade, vida privada, honra e imagem, servindo tais direitos como expressão da dignidade da pessoa humana[58].

A legislação infraconstitucional adotou integralmente o referido comando constitucional, a exemplo do artigo 11 do Código Civil[59], o qual previu a intransmissibilidade e irrenunciabilidade dos direitos da personalidade, salvo nos casos previstos em lei, o que implica no respeito obrigatório destes direitos inclusive no exercício da comunicação social[60].

Cumpre destacar, desde já, que os "direitos à vida privada, intimidade, honra e imagem funcionam como limites às intromissões abusivas e ilícitas da imprensa escrita e falada"[61]. Então, a liberdade de imprensa não pode, de forma incondicionada, adentrar na esfera de proteção destes direitos. Porém, a depender do caso, é possível sim a referida invasão, de forma que o alcance da privacidade seja contraído.

A intimidade e a vida privada representam o "direito de estar só, porque salvaguardam a esfera de reserva do ser humano, insuscetível de intromissões externas"[62]. A doutrina se refere, inclusive, ao "right to be alone", ou seja, o direito de permanecer sozinho, tranquilo, em paz, sem incômodo[63].

[57] Art. 5º, X – são invioláveis a intimidade, a vida privada, a honra e a imagem das pessoas, assegurado o direito a indenização pelo dano material ou moral decorrente de sua violação; BRASIL. **Constituição da República Federativa do Brasil de 1988**. Diário Oficial da União: 05 out. 1988.

[58] NOVELINO, Marcelo. **Curso de direito constitucional**. 11. ed. rev., ampl. e atual. Salvador: Ed. JusPodivm, 2016. p. 117.

[59] BRASIL. **Lei nº 10.406**, de 10 de janeiro de 2002. Institui o Código Civil. Diário Oficial da União: 11 jan. 2002.

[60] PEREIRA, Fabrício Fracaroli. Estado Democrático de Direito e Liberdade de Imprensa. **Revista do Direito Público**, Londrina, v.8, n.2, p.119-138, mai./ago.2013.

[61] BULOS, Uadi Lammêgo. **Curso de direito constitucional**. 8. ed. São Paulo: Saraiva, 2014. p. 571.

[62] BULOS, Uadi Lammêgo. **Curso de direito constitucional**. 8. ed. São Paulo: Saraiva, 2014. p. 571.

[63] SILVA, José Afonso da. **Curso de direito constitucional positivo**. 20. ed. São Paulo: Malheiros, 2005. p. 206.

Estes direitos geram implicações na própria Constituição, como a inviolabilidade da casa[64] e o sigilo da correspondência[65] e da profissão[66].

Porém, a privacidade costuma ser entendida como mais abrangente que a intimidade[67]. A primeira "envolve todos os relacionamentos do indivíduo, tais como suas relações comerciais, de trabalho, de estudo, de convívio diário"[68]. A segunda, "diz respeito às relações íntimas e pessoais do indivíduo, seus amigos, familiares, companheiros que participam de sua vida pessoal"[69].

De todo modo, em ambas, é proibida qualquer interferência ou intromissão na seara privada do indivíduo[70]. Estão abrangidas a proibição de vasculhar o aparelho celular sem autorização, estar na presença sem consentimento, violar a casa, trabalho, anotações etc.

Quanto à honra, pode ser sintetizada na palavra "reputação", ou seja, é o direito de a pessoa presar pela própria dignidade[71]. É dividida em honra objetiva, que diz respeito à opinião da sociedade sobre o indivíduo, e a

[64] Art. 5º, XI – a casa é asilo inviolável do indivíduo, ninguém nela podendo penetrar sem consentimento do morador, salvo em caso de flagrante delito ou desastre, ou para prestar socorro, ou, durante o dia, por determinação judicial; **Constituição da República Federativa do Brasil de 1988**. Diário Oficial da União: 05 out. 1988.

[65] Art. 5º, XII – é inviolável o sigilo da correspondência e das comunicações telegráficas, de dados e das comunicações telefônicas, salvo, no último caso, por ordem judicial, nas hipóteses e na forma que a lei estabelecer para fins de investigação criminal ou instrução processual penal; **Constituição da República Federativa do Brasil de 1988**. Diário Oficial da União: 05 out. 1988.

[66] SILVA, José Afonso da. **Curso de direito constitucional positivo**. 20. ed. São Paulo: Malheiros, 2005. p. 207-208.

[67] SARLET, Ingo Wolfgang, MARINONI, Luiz Guilherme. MITIDIERO, Daniel. **Curso de direito constitucional**. 7. ed. São Paulo: Saraiva Educação, 2018. p. 468.

[68] BULOS, Uadi Lammêgo. **Curso de direito constitucional**. 8. ed. São Paulo: Saraiva, 2014. p. 571.

[69] BULOS, Uadi Lammêgo. **Curso de direito constitucional**. 8. ed. São Paulo: Saraiva, 2014. p. 571.

[70] SARLET, Ingo Wolfgang, MARINONI, Luiz Guilherme. MITIDIERO, Daniel. **Curso de direito constitucional**. 7. ed. São Paulo: Saraiva Educação, 2018. p. 471.

[71] SILVA, José Afonso da. **Curso de direito constitucional positivo**. 20. ed. São Paulo: Malheiros, 2005. p. 209.

honra subjetiva, ou seja, a autopercepção[72]. O direito à honra possui uma dimensão de defesa e outra de prestação (extensível aos outros direitos deste capítulo).

A primeira, de face negativa, importa em um dever de não violação por terceiros, sob pena de intervenção defensiva, através dos meios disponíveis, como a responsabilização civil e penal[73]. A segunda, por sua vez, de face positiva, consiste em um dever estatal de proteção, de forma a garantir a dignidade da pessoa humana e a integridade pessoal e moral do indivíduo[74].

O último direito analisado é o de imagem. Parte da doutrina[75] entende que a Constituição Federal previu a imagem em três formas: imagem social, a qual se entende como os atributos externos à pessoa, como o que ela transmite para a sociedade; imagem-retrato, ou seja, a imagem física do indivíduo; e imagem autoral, consistindo na imagem direta do autor em obras públicas.

Há quem diga, entretanto, que a imagem social não está englobada na proteção constitucional da imagem, pois, teria aspectos vinculados à honra do indivíduo[76]. Independentemente da classificação, o direito à imagem assegura proteção contra o seu uso indevido, seja para fins comerciais sem autorização[77], seja para impedir ou reprimir ofensas.

Percebe-se que, mormente nos dias atuais, os indivíduos cedem parcial e voluntariamente a sua privacidade, intimidade e imagem, quando postam detalhes de suas vidas privadas em redes sociais. Embora sejam

[72] Bulos, Uadi Lammêgo. **Curso de direito constitucional**. 8. ed. São Paulo: Saraiva, 2014. p. 572.

[73] Sarlet, Ingo Wolfgang, Marinoni, Luiz Guilherme. Mitidiero, Daniel. **Curso de direito constitucional**. 7. ed. São Paulo: Saraiva Educação, 2018. p. 501.

[74] Sarlet, Ingo Wolfgang, Marinoni, Luiz Guilherme. Mitidiero, Daniel. **Curso de direito constitucional**. 7. ed. São Paulo: Saraiva Educação, 2018. p. 502.

[75] Bulos, Uadi Lammêgo. **Curso de direito constitucional**. 8. ed. São Paulo: Saraiva, 2014. p. 572-573.

[76] Sarlet, Ingo Wolfgang, Marinoni, Luiz Guilherme. Mitidiero, Daniel. **Curso de direito constitucional**. 7. ed. São Paulo: Saraiva Educação, 2018. p. 504.

[77] Sarlet, Ingo Wolfgang, Marinoni, Luiz Guilherme. Mitidiero, Daniel. **Curso de direito constitucional**. 7. ed. São Paulo: Saraiva Educação, 2018. p. 506.

irrenunciáveis, os direitos fundamentais podem sofrer "autolimitações, desde que não esbarrem no núcleo essencial da dignidade da pessoa"[78].

Ademais, há um crescimento mundial da coleta de dados e informações pessoais, os quais se tornam insumos da economia, pois, toda atividade realizada pelos indivíduos produz dados, fato que permite, por exemplo, o direcionamento de produtos a cada indivíduo a partir da sua coleta[79].

Tal fenômeno era questionado a partir dos direitos de intimidade e privacidade, sendo inclusive objeto de preocupação por parte da doutrina mais antiga[80], ao menos quanto ao tratamento de dados[81] que ocorresse sem o consentimento do titular, o que representaria clara afronta aos referidos direitos.

Nestes casos, a tutela era fornecida pela própria Constituição, através da utilização do "habeas-data"[82], sem prejuízo do pagamento de indenização civil pela ofensa à intimidade, vida privada, honra e imagem, nos termos do artigo 5º, X, CF.

[78] Branco, Paulo Gustavo Gonet, e Mendes, Gilmar Ferreira. **Curso de direito constitucional**. 1 ed. rev. e atual. São Paulo: Saraiva, 2015. p. 284.

[79] Sousa, Rosilene Paiva Marinho de, Barrancos, Jacqueline Echeverría, e Maia, Manuela Eugênio. Acesso a informação e ao tratamento de dados pessoais pelo poder público. **Revista Informação & Sociedade: Estudos**, João Pessoa, v.29, n.1, p. 237-251, jan./mar. 2019.

[80] Silva, José Afonso da. **Curso de direito constitucional positivo**. 20. ed. São Paulo: Malheiros, 2005. p. 209-210.

[81] Art. 5º Para os fins desta Lei, considera-se: X – tratamento: toda operação realizada com dados pessoais, como as que se referem a coleta, produção, recepção, classificação, utilização, acesso, reprodução, transmissão, distribuição, processamento, arquivamento, armazenamento, eliminação, avaliação ou controle da informação, modificação, comunicação, transferência, difusão ou extração. BRASIL. **Lei nº 13.709**, de 14 de agosto de 2018. Lei Geral de Proteção de Dados Pessoais (LGPD). Diário Oficial da União: 15 ago. 2018.

[82] Art. 5º, LXXII – conceder-se-á *"habeas-data"*: a) para assegurar o conhecimento de informações relativas à pessoa do impetrante, constantes de registros ou bancos de dados de entidades governamentais ou de caráter público; b) para a retificação de dados, quando não se prefira fazê-lo por processo sigiloso, judicial ou administrativo; **Constituição da República Federativa do Brasil de 1988**. Diário Oficial da União: 05 out. 1988.

Porém, com o advento da Lei Geral de Proteção de Dados – LGPD, Lei nº 13.709, de 14 de agosto de 2018[83], o cidadão passou a poder gerir o armazenamento dos seus próprios dados, de forma a "proteger os direitos fundamentais de liberdade e de privacidade e o livre desenvolvimento da personalidade da pessoa natural" (artigo 1º).

A auto-gestão ocorre através de consentimento do titular dos dados coletados, o qual permitirá, ou não, a coleta de dados por determinada organização, de forma escrita, livre, informada e inequívoca, a fim de atender determinada finalidade[84].

Acrescenta-se que a preocupação da LGPD com os direitos fundamentais no artigo 2º é evidente[85], vez que, por exemplo, se fundamentou nas seguintes previsões[86]:

Art. 2º A disciplina da proteção de dados pessoais tem como fundamentos:

> I – o respeito à privacidade;
> II – a autodeterminação informativa;
> III – a liberdade de expressão, de informação, de comunicação e de opinião;
> IV – a inviolabilidade da intimidade, da honra e da imagem;
> V – o desenvolvimento econômico e tecnológico e a inovação;
> VI – a livre iniciativa, a livre concorrência e a defesa do consumidor; e
> VII – os direitos humanos, o livre desenvolvimento da personalidade, a dignidade e o exercício da cidadania pelas pessoas naturais.

A criação de uma Lei para proteger juridicamente os dados visou evitar a ocorrência de abusos na sua operacionalização, vez que a interação

[83] BRASIL. **Lei nº 13.709**, de 14 de agosto de 2018. Lei Geral de Proteção de Dados Pessoais (LGPD). Diário Oficial da União: 15 ago. 2018.

[84] SOUSA, Rosilene Paiva Marinho de, BARRANCOS, Jacqueline Echeverría, e MAIA, Manuela Eugênio. Acesso a informação e ao tratamento de dados pessoais pelo poder público. **Revista Informação & Sociedade: Estudos**, João Pessoa, v.29, n.1, p. 237-251, jan./mar. 2019.

[85] PINHEIRO, Patricia Peck. **Proteção de dados pessoais**: comentários à Lei n. 13.709/2018 (LGPD). São Paulo: Saraiva, 2019. p. 53.

[86] BRASIL. **Lei nº 13.709**, de 14 de agosto de 2018. Lei Geral de Proteção de Dados Pessoais (LGPD). Diário Oficial da União: 15 ago. 2018.

digital deixa rastros e dados, podendo se obter, a partir de análises feitas por organizações, informações sobre os indivíduos[87].

A fim de se evitar a invasão à privacidade alheia, a LGPD surgiu para controlar a tramitação de dados em uma perspectiva expansionista, ou seja, buscou alargar o seu alcance, de forma a englobar pessoas identificadas ou identificáveis, ainda que através de meios mediatos ou indiretos[88].

Muito embora se relacionem à privacidade do indivíduo, os dados pessoais não se restringem a ela, fazendo parte, em verdade, da própria identidade da pessoa, a chamada "identidade digital", ou seja, a identificação do indivíduo no mundo digital[89]. Por isso, pode ser considerado um direito da personalidade.

Entretanto, a LGPD excepcionou a sua aplicação em alguns casos, nos relembrando que a privacidade e o caráter personalíssimo dos dados não são absolutos:

> Art. 4º Esta Lei não se aplica ao tratamento de dados pessoais:
> I – realizado por pessoa natural para fins exclusivamente particulares e não econômicos;
> II – realizado para fins exclusivamente:
> a) jornalístico e artísticos; ou
> b) acadêmicos, aplicando-se a esta hipótese os arts. 7º e 11 desta Lei;
> III – realizado para fins exclusivos de:
> a) segurança pública;
> b) defesa nacional;
> c) segurança do Estado; ou
> d) atividades de investigação e repressão de infrações penais; ou

[87] BOTELHO, Marcos. A proteção de dados pessoais enquanto direito fundamental: considerações sobre a lei geral de proteção de dados pessoais. **Argumenta Journal Law**, Jacarezinho – PR, Brasil, n. 32, 2020, p. 191-207.

[88] MOTTA, Ivan Dias da, ABAGGE, Yasmine de Resende, KNOERR, Fernando Gustavo. A Lei Geral de Proteção de Dados: Os Dados Pessoais Podem Ser Considerados Direitos Da Personalidade? **EALR**, V.10, nº 2, p.278-302, Mai-Ago, 2019.

[89] MOTTA, Ivan Dias da, ABAGGE, Yasmine de Resende, KNOERR, Fernando Gustavo. A Lei Geral de Proteção de Dados: Os Dados Pessoais Podem Ser Considerados Direitos Da Personalidade? **EALR**, V.10, nº 2, p.278-302, Mai-Ago, 2019.

> IV – provenientes de fora do território nacional e que não sejam objeto de comunicação, uso compartilhado de dados com agentes de tratamento brasileiros ou objeto de transferência internacional de dados com outro país que não o de proveniência, desde que o país de proveniência proporcione grau de proteção de dados pessoais adequado ao previsto nesta Lei.

O regimento previsto na Lei não é aplicado em determinadas situações justificantes, que envolvem o interesse público e a segurança nacional, ou que digam respeito ao exercício da liberdade de imprensa. Novamente, o interesse público da publicação de informações estritamente ligadas aos fatos é o que sustenta o direito de imprensa, de forma a possibilitar certa flexibilização do direito de privacidade.

A invasão estatal à privacidade por motivos de segurança nacional representa um paulatino esvaziamento deste direito, vez que a vigilância e monitoramento da vida privada ocorrem muitas vezes sem conhecimento e consentimento dos indivíduos, o que impede a sua efetiva proteção[90].

O direito de intimidade, privacidade, honra e imagem também são menores quando se trata de personalidades públicas, artistas e políticos, o que não significa que ofensas e ameaças são permitidas, pois, há um interesse por trás da sua atuação. Isso ocorre, pois, "se presume um acordo tácito, no sentido de um consentimento implícito, o que deve ser levado em considerações especialmente no plano da colisão entre direitos fundamentais"[91].

Sobre o assunto, o Tribunal de Justiça do Estado do Ceará já julgou um caso que envolvia excessos no exercício jornalístico, conforme a seguinte ementa[92]:

[90] SARLET, Ingo Wolfgang, MARINONI, Luiz Guilherme. MITIDIERO, Daniel. **Curso de direito constitucional**. 7. ed. São Paulo: Saraiva Educação, 2018. p. 472.

[91] SARLET, Ingo Wolfgang, MARINONI, Luiz Guilherme. MITIDIERO, Daniel. **Curso de direito constitucional**. 7. ed. São Paulo: Saraiva Educação, 2018. p. 505.

[92] Disponível em: <https://jurisprudencia.s3.amazonaws.com/TJ-CE/attachments/TJ-CE_AC_0071882 08201680601672894 8.pdf?AWSAccessKeyId=AKIARMMD5JEAO67SMCVA&Expires=1675175409&Signature=v0uG47hEGybc7vD90P%2BLvLGnHyI%3D>. Acesso em: 31 jan. 2023.

DIREITO CIVIL, PROCESSUAL CIVIL ECONSTITUCIONAL. APELAÇÃO EM AÇÃO DEINDENIZAÇÃO POR DANOS MORAIS. JULGAMENTO DEIMPROCEDÊNCIA DO PLEITO AUTORAL. PROMOVIDOSQUE NOTICIARAM FATOS CRIMINOSOS, IMPUTANDO-OSAO AUTOR. LIBERDADE DE IMPRESSA QUE NÃO ADMITECENSURA PRÉVIA, MAS QUE NÃO AFASTA ARESPONSABILIZAÇÃO PELAS CONDUTAS QUE-EXCEDEREM AO SEU REGULAR EXERCÍCIO. ABUSO DEDIREITO DE LIBERDADE DE EXPRESSÃO E DELIBERDADE DE IMPRENSA CONFIGURADOS. VIOLAÇÃODOS DIREITOS DE PERSONALIDADE DO AUTOR (ART. 5º, V e X, da CF/88). DANO MORAL CONFIGURADO. QUANTUM INDENIZATÓRIO FIXADO EM R$ 25.000,00 (VINTE E CINCO MIL REAIS). RECURSO CONHECIDO EPROVIDO. SENTENÇA REFORMADA. 01. Constata-se, na espécie, a existência de conflito entre direitos fundamentais igualmente albergados pela Constituição Federal de 1988, precipuamente tutelados pelo artigo 5º, incisos V e X, em contraposição aos albergados no artigo 5º, incisos IV, IX, XIV. **02. Na situação dos autos, os promovidos noticiaram fatos criminosos, imputando-os ao autor/apelante, Sr. Ivo Ferreira Gomes, tendo a matéria excedido aos limites narrativos, utilizando-se de viés acusatório e sensacionalista, violando os direitos da personalidade do ora recorrente, notadamente o direito à honra e à imagem. 03. Da transcrição dos áudios (fls. 28-34) do Programa Jornal Ceará News, "Rádio Plus FM", verifica-se que são suscitadas práticas de crimes pelo autor, conforme se lê: "Mas o que você fez Ivo? Sequestro é crime hediondo. O que é que houve para você sequestrar alguém? Para você ser acusado de sequestrar alguém e manter em cárcere privado?". Constata-se, ainda, (fls. 04-05), notícia veiculada no site "cearanews7.com" e no perfil "Ceara News 7" da rede social "facebook", coma seguinte manchete: "Ivo Gomes foi processado por crimes de cárcere privado e sequestro", com a foto (imagem) do mesmo.** 04. Ainda que a liberdade de imprensa não admita censura prévia, essa garantia não se reveste de impossibilidade de controle e de responsabilização, a posteriori, das condutas que excedem ao regular exercício de um direito, o que acarreta emilícito. Precedentes. 05. Nota-se que a conduta dos promovidos, transbordou o direito constitucional de livre expressão, manifestação do pensamento, e liberdade de imprensa (Art. 5º IV, IX, XIV, CF/88), violando os direitos de personalidade do autor (Art. 5º, V e X, da CF/88), configurando o ilícito e o dano moral (Art. 186 e 927, CC/02). 06.

Recurso conhecido e provido. Sentença reformada. (TJCE – Apelação Cível nº 0071882-08.2016.8.06.0167. Relatora: Desa. Maria Vilauba Fausto Lopes. Data do Julgamento: 2016.) **(Grifo nosso)**

Ponderou o relator que o viés da veiculação, no caso concreto, continha caráter acusatório, e não meramente informativo. Isto, pois, foi noticiada a prática de crimes através da imputação ao apelante, bem como a exposição da sua imagem no perfil da rede social da apelada. A finalidade da postagem extrapolou a liberdade de imprensa, na medida em que se pretendia chamar atenção do público através de notícia sensacionalista e acusatória, o que, por sua vez, ofendeu os direitos da honra e imagem do apelante.

Ademais, reconheceu-se, no julgamento da demanda, que, embora as autoridades públicas e agentes do Estado estejam suscetíveis a receber críticas mais fortes, tendo em vista que há uma ampliação do direito de informação em tais casos, isso não retira dos profissionais do jornalismo o dever conferência, mormente em situações que envolvam a suposta prática delitiva.

Outro caso interessante que envolve o tema foi julgado pelo Tribunal de Justiça do Distrito Federal e dos Territórios, em 2011, em que houve o conflito entre a honra e imagem do ex-chefe de gabinete da Secretaria de Agricultura, Adão Birajara Amador Farias (Apelante), e o direito de imprensa exercido pela Editora e Gráfica Jornal de Brasília (Apelada). O caso consistiu em publicação de reportagem sobre a prisão em flagrante por obstrução de justiça de Adão. Segundo o julgado, a reportagem continha os seguintes termos[93]:

[93] DANO MORAL – MATÉRIA JORNALÍSTICA – DIVULGAÇÃO DE FATOS – DEPRECIAÇÃO – HONRA – PESSOA PÚBLICA – CONFLITO APARENTE DE NORMAS. 01. A presente questão implica num conflito aparente entre o direito individual à preservação da honra e boa imagem (CF, art. 5º, X) e o direito coletivo de informação e liberdade de imprensa (CF, art. 5º, IX). 02. Tal conflito se resolve por um juízo de ponderação, que se liga ao Princípio da Proporcionalidade, o qual exige que o sacrifício de um direito seja útil para a solução do problema, não podendo haver outro meio menos oneroso para se alcançar o resultado. 03. Sendo o envolvido pessoa de vida pública, condição que o expõe à crítica da sociedade quanto ao seu comportamento, e levando-se em conta que não restou provado o *animus* de ofender, correta é a sentença que julga improcedentes os pedidos deduzidos na inicial. 04. Negou-se provimento ao recurso. Unânime. (Tribunal do Distrito

> A situação do deputado é delicada. Ontem, Adão Farias, ex-chefe de gabinete da Secretaria de Agricultura durante a gestão de Pedro Passos, foi preso em flagrante por obstrução da Justiça. Numa devassa na casa do assessor do deputado, a PF descobriu que alguns documentos haviam sido queimados. O jornal de Brasília não conseguiu entrar em contato com Adão ou com o advogado de Passos para escutá-lo sobre a prisão do ex-assessor. Faltava carvão? O que queimava Adão Birajara Amador Farias, o assessor de Pedro Passos flagrado pela Polícia Federal preparando um saboroso churrasco de papéis na segunda-feira? E o que continham os tais papéis? São perguntas que continuam sem respostas.

Percebe-se, de imediato, que o conteúdo da reportagem, embora contenha ironia, não consiste em ofensas e nem ataques ao Apelante. Por ocupar, à época, cargo público de relevância, suas atividades estão suscetíveis a monitoramento da mídia e da sociedade, o que importa em um dever de tolerância em relação ao seu direito de privacidade e imagem. Afinal, é natural a divulgação de notícias envolvendo crimes de autoridades, pois, a prática criminosa junto à cúpula do poder público representa uma quebra da expectativa do povo com o dever de buscar o bem comum. Entretanto, se a notícia não extrapolar as finalidades precípuas da informação, não é possível a sua restrição por motivos de privacidade.

Diferente é a situação em que o jornalista ofende ou acusa autoridades públicas, hipóteses não abarcadas pelo interesse público e pela liberdade de imprensa, mas, ao contrário, violadoras de direitos personalíssimos. A privacidade, imagem, honra e intimidade, nestes casos, devem ser tuteladas, de forma a reduzir, no caso concreto, o âmbito de aplicação da liberdade de imprensa.

O cuidado a ser tomado em casos que envolvam crimes deve ser maior, vez que, ao noticiar uma prisão, por exemplo, o teor da reportagem pode induzir a população a uma antecipada condenação, o que, além de configurar clara violação à presunção de inocência, importa, evidentemente, em uma violação à honra e imagem do indivíduo.

Federal e Territórios. Apelação Cível nº 20070111015640. Relator: Desembargador Romeu Gonzaga Neiva. Data de Julgamento: 19 mai. 2011).

Este último raciocínio deveria ser aplicado de forma indistinta. Porém, é comum a exposição midiática de investigados e presos em flagrante. A divulgação da prática criminosa vem acompanhada, normalmente, da exibição da imagem destes indivíduos, os quais, não raras as vezes, são filmados em situações degradantes.

Entrevistas de investigados algemados, por exemplo, ocorrem apenas com o intuito de proporcionar espetáculos midiáticos, o que, evidentemente, é capaz de gerar reparações civis. Comentários e opiniões que extrapolem a razoabilidade, além de ofensas, também são aptos a ensejar responsabilização.

O Tribunal de Justiça do Estado do Rio Grande do Sul já condenou uma emissora de televisão por ofensas proferidas por apresentador de programa, conforme a seguinte ementa[94]:

> RESPONSABILIDADE CIVIL. PROGRAMA "BALANÇO GERAL". COMENTÁRIOS SENSACIONALISTAS SOBRE A PRISÃO EM FLAGRANTE DO AUTOR. OFENSA À HONRA. ABUSO NO EXERCÍCIO DA LIBERDADE DE EXPRESSÃO. DEVER DE INDENIZAR DANOS MORAIS CONFIGURADO. O exercício da liberdade de expressão não é absoluto, sendo inadmissíveis as manifestações abusivas que violem a privacidade das pessoas. Assim, um veículo de comunicação, ao publicar opiniões, deve ter o cuidado de não violar o direito de imagem das pessoas. **Caso em que o apresentador do Programa de TV "Balanço Geral", ao noticiar a prisão em flagrante do autor, emitiu opinião e fez comentários pejorativos e sensacionalistas a respeito do requerente, chamando-o de "traficante e vagabundo". Conduta que se caracterizou como abuso no exercício da liberdade de expressão.** Dano morais configurados in re ipsa, consistentes na ofensa à honra do demandante. Montante indenizatório mantido em R$5.000,00 (cinco mil reais), considerando-se valores arbitrados em causas análogas e as particularidades do caso concreto. APELAÇÕES DESPROVIDAS. (TJRS – Apelação Cível nº 70069168789. Relator: Des. Túlio de Oliveira Martins. Data do Julgamento: 03 nov. 2016.) **(Grifo nosso)**

[94] Disponível em: <https://www.conjur.com.br/dl/tj-rs-mantem-sentenca-condenou7.pdf>. Acesso em: 31 jan. 2023.

Ofensas à imagem se mostram como excesso do direito de imprensa, pois, extrapolam a razoabilidade no seu exercício. Os abusos restringem o alcance da liberdade jornalística, a fim de se garantir, no caso concreto, a integridade da privacidade e imagem dos indivíduos.

A publicação de notícia ofensiva à reputação de um indivíduo também constitui ofensa a sua honra, devendo ser combatida através dos diversos ramos do direito[95]. Notoriamente em casos que envolvam a prática de crime, a divulgação descuidada de fato criminoso pode ofender a honra objetiva de um indivíduo, bem como, colocá-lo como culpado.

Observa-se que, nestas situações, o direito de resposta sequer é fornecido, o que impossibilita a defesa da vítima e a persecução da verdade. Sem poder se defender, o indivíduo vira refém da exclusão social, a qual pode afetar relacionamentos pessoais e relações de trabalho.

Tendo em vista que o público não conhece o processo penal, suspeitos de crimes são vistos como verdadeiros culpados, ainda que não exista condenação criminal transitada em julgado. A Constituição, ao prever o direito de presunção de inocência, visou promover, justamente, a cautela necessária para não tratar como culpado quem ainda não foi condenado definitivamente.

O estrago à honra e à imagem do sujeito ocorrem independentemente de a notícia ser verdadeira. Como afirma Machado[96], "o direito à privacidade não se relaciona com a verdade ou falsidade das afirmações que sejam feitas, mas com o caráter privado e reservado de tais afirmações". Isto, pois, uma notícia falsa também invade a esfera da vida privada do indivíduo.

A veracidade da notícia, assim, é outro critério problemático da liberdade de imprensa, uma vez que pode atentar contra o direito de privacidade. O primeiro desafio para se entender a problemática diz respeito ao

[95] ARAÚJO, Francisco Marcos de. **Ponderação de bens na superação da colisão entre a liberdade de imprensa e direito à privacidade no sistema constitucional brasileiro.** 352 f. Dissertação (Mestrado em Direito) – Universidade Federal do Rio Grande do Norte. Natal, 2017. p. 187.

[96] MACHADO, Jónatas E. M. **Liberdade de expressão**: Dimensões constitucionais da esfera pública do sistema social. Coimbra: Coimbra Editora, 2002. p. 793.

conceito semântico do termo "verdade", vez que, por ter várias acepções, é objeto de estudo em diversos campos da ciência.

O vocábulo "verdade" pode ser entendido como "correspondencia de las aserciones referidas a los hechos del mundo empírico"[97], ou seja, a verdade consiste nas afirmações correspondentes aos fatos ocorridos no mundo real. Sem entrar no mérito, a questão da prova como meio de se obter a verdade merece considerações próprias, pois, envolve questões sobre probabilidade, valoração, licitude e verossimilhança, não sendo objeto desta pesquisa.

Porém, é certo que as próprias autoridades públicas encontram dificuldades em reproduzir os fatos ocorridos, somente conseguindo se aproximar da verdade através de uma investigação aprofundada e comprometida, se existentes indícios.

Por vezes, o jornalista não possui tempo e nem disponibilidade suficientes para conferir a fundo a existência de indícios mínimos de veracidade dos fatos narrados, embasando suas reportagens em fontes "confiáveis" ou em fatos comprovados em tese, ou já divulgados.

O jornalista que não afere a existência destes indícios, assim, assume o risco de causar danos à imagem e honra do indivíduo, sendo submetido, por consequência, à responsabilização civil.

Se, entretanto, investigar de todas as formas possíveis, considerando a razoabilidade do esforço e a plausibilidade dos fatos, como ouvir todas as partes e testemunhas, conferir os dados e tratar com respeito os envolvidos, a empresa de comunicação, em tese, será isenta de responsabilidade caso a notícia seja falsa, ainda que cause danos ao noticiado.

O cuidado exposto é relevante, porque, os efeitos sofridos pela divulgação de uma publicação falsa são sabidamente tenebrosos, podendo violar os direitos de imagem, honra e privacidade, mas não se restringe a eles. É possível também a ocorrência de danos psicológicos e demais problemas de saúde às vítimas e, em casos mais extremos, a tentativa de autoextermínio.

A comunicação falsa também pode influir na coletividade através da formação de opinião, o que é prejudicial para o acesso à informação e à

[97] Taruffo, Michele. **La prueba de los hechos**. Traducción de Jordi Ferrer Beltrán. Madrid: Trotta, 2002. p. 169.

democracia, de modo geral. Basta pensar nos riscos que a propagação de uma "fake news" é capaz de gerar, ainda mais se envolver situações políticas e feita em meios de comunicação em massa.

O Tribunal de Justiça do Estado do Rio Grande do Sul já condenou emissora de televisão por não checar a veracidade da notícia, conforme a seguinte ementa:

> APELAÇÃO CIVEL. RESPONSABILIDADE CIVIL. DANO MORAL. FOTOGRAFIA DA AUTORA DIVULGADA REPETIDAS VEZES COMO SENDO VITIMA DE ASSASSINATO. PROGRAMA BALANÇO GERAL. INTERNAÇÃO DO PAI DA AUTORA DURANTE A EXIBIÇÃO. NÃO DEMONSTRADA A CONFERENCIA DAS INFORMAÇÕES E SUA ORIGEM. EXCESSO EVIDENCIADO. DEVER DE INDENIZAR CARACTERIZADO. **A postagem de imagem da autora em televisão aberta, repetidas vezes, informando que teria sido vítima de assassinato, em local próximo ao seu trabalho, causando grande transtorno de ordem moral e psicológica, culminando na internação do pai da autora em razão dos fatos, evidencia dano passível de indenização. Ausência comprovação de conferencia dos dados fornecidos, supostamente por terceiros, bem como a origem da imagem divulgada. Hipótese em que sequer houve a identificação da pessoa que recebeu ou que seria responsável pela conferência das informações. A liberdade de expressão e pensamento deve ater-se à realidade, configurando ato ilícito quando sua prática negligente e não comprometida com a verdade causa danos a outrem.** QUANTUM INDENIZATÓRIO. A indenização deve obedecer aos critérios de razoabilidade, atingindo sua função reparatória e punitiva. Quantum mantido em R$ 4.000,00, que se mostra adequado, guardando proporcionalidade com o dano causado e as peculiaridades do caso. CORREÇÃO MONETÁRIA E JUROS DE MORA. Correção monetária pelo IGP-M (Súmula 362, STJ) a contar desta data e incidência de juros mora desde o evento danoso. Súmula 54 do STJ. SUCUMBÊNCIA. Mantida. NEGADO SEGUIMENTO À APELAÇÃO DOS RÉUS. APELAÇÃO DOS AUTORES PARCIALMENTE PROVIDA. (Apelação Cível Nº 70059976134, Nona Câmara Cível, Tribunal de Justiça do RS, Relator: André Luiz Planella Villarinho, Julgado em 24/10/2014) **(grifo nosso)**

Assim, a verdade é essencial para o desempenho pleno do direito de comunicação, existindo um "dever de cautela imposto ao comunicador"[98]. Como colocado por Edilsom Pereira de Farias[99], a verdade é um parâmetro de balizamento do exercício da liberdade de comunicação, devendo o emissor, por sua condição, diligenciar no sentido de verificar a veracidade das informações propagadas, se valendo dos meios disponíveis, de forma a ser medida profilática de certificação antes da veiculação da mensagem.

O dever de diligência e cautela, bem como o cuidado para escolher as fontes, podem se mostrar como requisitos razoáveis para se atribuir confiabilidade à notícia e evitar a ocorrência de danos à privacidade do indivíduo. Observa-se que não é o caso de encontrar a verdade, mas sim, a obtenção de prováveis informações verdadeiras, ou ainda de indícios de verdade.

Além da verdade, a divulgação da informação deve conter interesse público, não se podendo admitir que a invasão à privacidade ocorra sem que a coletividade se beneficie de alguma forma.

Por exemplo, o constrangimento sofrido por ter a imagem associada a prática de determinado crime deve ser extremamente necessário para as investigações policiais ou para a segurança da sociedade, como é o caso de investigado foragido.

Dessa forma, a mera filmagem de suspeito algemado contém presumível finalidade de entretenimento, pois, não é capaz de influir nas investigações e nem divulga o estado de liberdade de sujeito perigoso. Neste caso, está ausente o interesse público da notícia, o que retira a proteção constitucional da liberdade de imprensa, vez que configura abuso.

Feitas as considerações acima, importa saber, neste momento, como a tutela da privacidade em face do abuso do direito de imprensa ocorre no ordenamento jurídico brasileiro.

[98] BRANCO, Paulo Gustavo Gonet, e MENDES, Gilmar Ferreira. **Curso de direito constitucional**. 1 ed. rev. e atual. São Paulo: Saraiva, 2015. p. 275.

[99] FARIAS, Edilsom Pereira de. **Liberdade de expressão e comunicação**: teoria e proteção constitucional. Tese de doutorado. Universidade Federal de Santa Catarina. Florianópolis, 2001. p. 290. Disponível em? <https://core.ac.uk/download/pdf/30360546.pdf>. Acesso em: 22 ago. 2022. p. 81.

A tutela penal contra o abuso do direito de imprensa era prevista na Lei de Imprensa (Lei nº 5.250/67), a qual tipificava como crime a prática de calúnia, injúria e difamação, porém, em sede do exercício da liberdade de informação[100]. Assim, por exemplo, caso algum jornalista imputasse falsamente a alguém fato definido como crime enquanto transmite alguma notícia, responderia por calúnia nos termos da referida lei.

Ante a não recepção integral da Lei de imprensa, a proteção criminal contra ofensas à privacidade passou a ser exercida integralmente pelo Código Penal. A violação aos direitos da intimidade, vida privada, honra e a imagem foi tipificada como crime contra a honra (artigos 138 a 145, CP), podendo ser injúria, calúnia ou difamação.

Diferenciando-as rapidamente, a calúnia (art. 138, CP) consiste na imputação a alguém de crime sabidamente falso. A difamação (art. 139, CP) é entendida como a imputação de fato que viole a honra objetiva da vítima. Já a injúria (art. 140, CP) se configura nas condutas que atentem contra a dignidade ou decoro da vítima, de forma a violar a sua honra subjetiva.

Na esfera cível, a Constituição Federal previu várias formas de reparação, como o direito de resposta, a divulgação de retratação pública e a indenização por danos materiais ou morais. Esta, de cunho pecuniário e repressivo, foi disposta na tentativa de amenizar o sofrimento psicológico causado, no caso do dano moral, ou a reparação do prejuízo patrimonial sofrido, no caso de dano material emergente. A indenização, assim, é uma garantia constitucional do direito à privacidade[101].

Por ocorrer após o dano, a indenização constitucional é caracterizada como uma tutela repressiva. Porém, embora os direitos da personalidade possam ser oponíveis à coletividade e ao Estado, são caracterizados pela

[100] MATOS, José Francisco. **Proteção à privacidade e a liberdade de imprensa**. 87 f. Dissertação (Mestrado em direito) – Pontifícia Universidade Católica de São Paulo. São Paulo, 2010. p. 26-27.

[101] SARLET, Ingo Wolfgang, MARINONI, Luiz Guilherme. MITIDIERO, Daniel. **Curso de direito constitucional**. 7. ed. São Paulo: Saraiva Educação, 2018. p. 472.

eventual inexistência de patrimonialidade em sua violação[102], o que gera uma incompatibilidade com a forma tradicional de tutelá-los.

Por isso, dependendo da situação, a privacidade não é suficientemente protegida através de uma indenização civil, o que faz questionar se, nessas situações, a tutela repressiva é a melhor via de amparo.

A tutela preventiva, então, surge como alternativa pré-dano. Como afirma Ada Pellegrini Grinover[103]:

> A superioridade da tutela preventiva foi recentemente assinalada, frente à inviabilidade frequente da modalidade tradicional de tutela que consiste na aplicação de sanções, quer sob a forma primária de restituição ao estado anterior, quer sob as formas secundárias de reparação ou do ressarcimento. E a gravidade do problema, afirmou-se, aumenta de intensidade, quando se passa das relações jurídicas de caráter patrimonial àquelas categorias em que se reconhece ao homem uma situação de vantagem insuscetível de traduzir-se em termos econômicos: os direitos da personalidade.

Os direitos personalíssimos e imateriais, assim, são insuficientemente tutelados pela indenização civil, pois, não podem ser mensurados economicamente. Não existe parâmetro objetivo que precifique uma violação à honra, por exemplo. Ademais, é impossível a sua reparação ou reconstituição "in natura".

Em verdade, a imposição indiscriminada da prestação pecuniária nestes casos esvazia o conteúdo normativo da proteção de direitos, pois, erroneamente se estaria dando ao direito violado status de equivalência à indenização. O direito violado, assim, seria equivalente à indenização civil, o que não pode ser admitido, pois, se reduziria à mera precificação da violação ou, simplesmente, à proteção insuficiente.

[102] Barroso, Luís Roberto. Colisão entre liberdade de expressão e direitos da personalidade. Critérios de ponderação. Interpretação constitucionalmente adequada do código civil e da lei de imprensa. **Revista de Direito Administrativo**. Rio de Janeiro, 235. 1-36. Jan./Mar. 2004.

[103] Grinover, Ada Pellegrini. A tutela preventiva das liberdades: habeas corpus e mandado de segurança. **Revista de Processo**. São Paulo, n. 22, abr./jun. 1981.

A tutela preventiva, então, pode atuar de forma mais eficaz do que a tradicional tutela repressiva, pois, preservaria o núcleo de proteção do direito. Isto porque, a prevenção do ilícito e, por consequência, do dano, importa em uma ordem ao Estado e à sociedade de se absterem de executar práticas que possam se mostrar como lesivas ao indivíduo[104].

Assim, o que justificaria a atuação preventiva não é o advento de efetivo prejuízo, mas sim, da violação normativa destes direitos. Apenas pela via oblíqua, ou, indireta, é que se visaria eliminar o risco de lesão. Tanto é que, como será visto, a tutela inibitória visa combater o ilícito, e não o dano, o que evidencia a sua adequação na proteção preventiva a direitos.

O manejo da tutela inibitória geralmente não encontra óbice quando seu objeto envolve a proteção à privacidade. Porém, no caso concreto, quando a inibição processual visa garantir a privacidade em face da liberdade de imprensa, é necessária a realização de uma séria análise sobre o âmbito de aplicação destes dois direitos, bem como sobre a utilização indiscriminada da tutela inibitória.

Nestes temos, é importante tecer algumas considerações a respeito da superação de conflitos normativos constitucionais e ponderação de direitos, pois, é através do resultado advindo deste processo que será possível, ou não, a utilização da tutela inibitória.

2.3 Das técnicas de superação de conflito normativo constitucional

Para se falar em ponderação de direitos constitucionais, é preciso tecer algumas considerações sobre princípios.

Os princípios são conceituados, a partir de uma concepção etimológica e filosófica, como "base", "início de algo", "algo que origina" ou "alicerce", vez que estão no "princípio de algo"[105]. Juridicamente, entretanto, a partir do pós-positivismo, os princípios passaram a conter um caráter de normatividade, permitindo a criação de direitos[106].

[104] Schreiber, Anderson. Novas tendências da Responsabilidade Civil brasileira. **Revista Trimestral de Direito Civil – IBDC**. Rio de Janeiro, n. 22, abr./jun. 2005, p. 45-69, 2005.

[105] Bonavides, Paulo. **Curso de direito constitucional**. 15 ed. São Paulo: Editora Malheiros. 2004. p. 255-256.

[106] Bonavides, Paulo. **Curso de direito constitucional**. 15 ed. São Paulo: Editora Malheiros. 2004. p. 264.

Por isso, partindo-se da concepção de Robert Alexy[107], é possível afirmar que os direitos fundamentais previstos na Constituição Federal são princípios constitucionais. O ordenamento jurídico brasileiro, assim, foi criado a partir destas previsões, o que significa que todos os atos, leis, planos, diretrizes etc., devem ser compatíveis com elas, sob pena de inconstitucionalidade.

Outro argumento que justifica a equivalência entre direitos fundamentais e princípios constitucionais é que estes emanam "mandamentos de otimização", vez que "ordenam que algo seja realizado na maior medida possível dentro das possibilidades jurídicas e fáticas existentes"[108].

Os princípios possuem alto grau de generalidade, não sendo destinados a uma situação específica; são indetermináveis, devendo serem concretizados pela via interpretativa; e possuem um caráter programático, pois, são voltados para situações futuras[109].

Existe neles um grau de subjetividade, o que faz com seus limites tenham certa flexibilidade, podendo ser expandidos ou retraídos, característica que a diferencia da regra, vez que esta, por exemplo, ou é aplicada integralmente, ou é afastada, dado o seu caráter objetivo[110].

Outro aspecto dos princípios é, segundo Robert Alexy[111]:

> (...) que podem ser satisfeitos em graus variados e pelo fato de que a medida devida de sua satisfação não depende somente das possibilidades fáticas, mas também das possibilidades jurídicas. O âmbito das possibilidades jurídicas é determinado pelos princípios e regras colidentes.

107 ALEXY, Robert. **Teoria dos direitos fundamentais**. Tradução de Virgílio Afonso da Silva da 5ª edição alemã. 2 ed. São Paulo: Malheiros editores, 2015. p. 86.

108 ALEXY, Robert. **Teoria dos direitos fundamentais**. Tradução de Virgílio Afonso da Silva da 5ª edição alemã. 2 ed. São Paulo: Malheiros editores, 2015. p. 90.

109 BONAVIDES, Paulo. **Curso de direito constitucional**. 15 ed. São Paulo: Editora Malheiros. 2004. p. 257.

110 ALEXY, Robert. **Teoria dos direitos fundamentais**. Tradução de Virgílio Afonso da Silva da 5ª edição alemã. 2 ed. São Paulo: Malheiros editores, 2015. p. 91.

111 ALEXY, Robert. **Teoria dos direitos fundamentais**. Tradução de Virgílio Afonso da Silva da 5ª edição alemã. 2 ed. São Paulo: Malheiros editores, 2015. p. 90.

Em decorrência da flexibilidade dos princípios, é mais fácil a sua colisão, pois, a expansão de um pode acabar atingindo a esfera de proteção de outro.

Entretanto, ao contrário do conflito entre regras, em que só pode ser solucionado com cláusulas de exceção ou a declaração de invalidade de uma delas[112], o conflito entre princípios não é tão extremo.

O conflito principiológico é resolvido através da ponderação, a qual consiste na análise feita pelo intérprete dos valores que inspiram cada princípio, a fim de se identificar, a partir das circunstâncias do caso concreto, qual deles possui prevalência, sem, contudo, excluir a existência do outro[113].

O caso concreto acaba se tornando essencial para a resolução do conflito, vez que os direitos fundamentais não são absolutos[114] e, por serem igualmente importantes, não são hierarquicamente estabelecidos pela Constituição.

O Supremo Tribunal Federal, em mais de uma oportunidade, reforçou o caráter de relatividade dos direitos e garantias individuais, podendo ser citado o seguinte trecho do Mandado de Segurança nº 23452/RJ[115], de relatoria do Ministro Celso de Melo:

> Não há, no sistema constitucional brasileiro, direitos ou garantias que se revistam de caráter absoluto, mesmo porque razões de relevante interesse público ou exigências derivadas do princípio de convivência das liberdades legitimam, ainda que excepcionalmente, a adoção, por parte dos órgãos estatais, de medidas restritivas das prerrogativas individuais ou coletivas, desde que respeitados os termos estabelecidos pela própria Constituição. O estatuto constitucional das liberdades públicas, ao delinear o regime jurídico a que estas estão sujeitas – e considerado o substrato ético que as informa –

[112] Alexy, Robert. **Teoria dos direitos fundamentais**. Tradução de Virgílio Afonso da Silva da 5ª edição alemã. 2 ed. São Paulo: Malheiros editores, 2015. p. 93.
[113] Souza, Sérgio Ricardo de. **Controle judicial dos limites constitucionais à liberdade de imprensa**. Rio de Janeiro: Lumen Juris, 2008.
[114] Hesse, Konrad. **Derecho constitucional y derecho privado**. Madrid: Civitas, 2001.
[115] BRASIL. Supremo Tribunal Federal. Mandado de Segurança nº 23452/RJ. Relator: Ministro Celso de Melo. DJU: 12 mai. 2000. Disponível em: <https://jurisprudencia.stf.jus.br/pages/search/sjur20720/ false>. Acesso em: 08 mar. 2023.

permite que sobre elas incidam limitações de ordem jurídica, destinadas, de um lado, a proteger a integridade do interesse social e, de outro, a assegurar a coexistência harmoniosa das liberdades, pois, nenhum direito ou garantia pode ser exercido em detrimento da ordem pública ou com desrespeito aos direitos e garantias de terceiros.

Como dito, um princípio acaba tendo precedência em face do outro a depender das circunstâncias do caso concreto[116], vez que não são escalonados pelo ordenamento constitucional. Por isso, o resultado do conflito envolvendo dois princípios, em um caso, pode ser totalmente diferente do obtido em outro.

Considerando os princípios "P1" e "P2", para que haja conflito, eles devem representar juízos contraditórios[117]. A colisão pode ser resolvida através do estabelecimento de uma relação de precedência incondicionada ou condicionada[118]. O símbolo de precedência pode ser representado pela letra "P". As condições em que um princípio possui precedência em relação ao outro pode ser simbolizado pela letra "C".

Assim, extrai-se desta relação quatro possibilidades:

(1) P1 P P2.
(2) P2 P P1.
(3) (P1 P P2) C.
(4) (P2 P P1) C.

As relações (1) e (2) são incondicionadas, abstratas ou absolutas, não admitidas no direito alemão pelo Tribunal Constitucional Federal[119]. Assim como a Constituição alemã não as admite, a Constituição brasileira

[116] Alexy, Robert. **Teoria dos direitos fundamentais**. Tradução de Virgílio Afonso da Silva da 5ª edição alemã. 2 ed. São Paulo: Malheiros editores, 2015. p. 93.
[117] Alexy, Robert. **Teoria dos direitos fundamentais**. Tradução de Virgílio Afonso da Silva da 5ª edição alemã. 2 ed. São Paulo: Malheiros editores, 2015. p. 96.
[118] Alexy, Robert. **Teoria dos direitos fundamentais**. Tradução de Virgílio Afonso da Silva da 5ª edição alemã. 2 ed. São Paulo: Malheiros editores, 2015. p. 96.
[119] Alexy, Robert. **Teoria dos direitos fundamentais**. Tradução de Virgílio Afonso da Silva da 5ª edição alemã. 2 ed. São Paulo: Malheiros editores, 2015. p. 97.

atribui o mesmo valor a todos os princípios constitucionais, não havendo um mais valioso que o outro, ao menos sem considerar o caso concreto.

Restam, assim, as relações (3) e (4), as quais condicionam a precedência concreta (ou relativa) de um princípio em detrimento de outro. Importa saber, assim, que condições são estas.

O Tribunal Constitucional Federal alemão utiliza a metáfora do peso, que consiste em saber se um princípio, no caso concreto analisado, possui mais peso que o outro[120]. Segundo Robert Alexy[121], em "um caso concreto, o princípio P1 tem um peso maior que o princípio colidente P2 se houver razões suficientes para que P1 prevaleça sobre P2 sob as condições C, presentes nesse caso concreto".

O autor analisa tal método citando um caso específico de sopesamento julgado pelo Tribunal Constitucional Federal alemão[122]:

> A emissora de televisão ZDF planejava exibir um documentário chamado "O assassinato de soldados em Lebach". Esse programa pretendia contar a história de um crime no qual quatro soldados da guarda de sentinela de um depósito de munições do Exército Alemão, perto da cidade de Lebach, foram mortos enquanto dormiam e armas foram roubadas com o intuito de cometer outros crimes. Um dos condenados como cúmplice nesse crime, que, na época prevista para a exibição do documentário, estava perto de ser libertado da prisão, entendia que a exibição do programa, no qual ele era nominalmente citado e apresentado por meio de fotos, violaria seu direito fundamental garantido pelos arts. 1º, § 2º, e 2º, § 1º, da Constituição alemã, sobretudo porque sua ressocialização estaria ameaçada. O Tribunal Estadual rejeitou seu pedido de medida cautelar para proibir a exibição, e o Tribunal Superior Estadual negou provimento ao recurso contra essa decisão. O autor ajuizou, então, uma reclamação constitucional contra essas decisões.

120 Alexy, Robert. **Teoria dos direitos fundamentais**. Tradução de Virgílio Afonso da Silva da 5ª edição alemã. 2 ed. São Paulo: Malheiros editores, 2015. p. 97.

121 Alexy, Robert. **Teoria dos direitos fundamentais**. Tradução de Virgílio Afonso da Silva da 5ª edição alemã. 2 ed. São Paulo: Malheiros editores, 2015. p. 97.

122 Alexy, Robert. **Teoria dos direitos fundamentais**. Tradução de Virgílio Afonso da Silva da 5ª edição alemã. 2 ed. São Paulo: Malheiros editores, 2015. p. 100.

O autor[123] expôs que o caso foi resolvido por meio de três etapas.

Na primeira, evidenciou-se a situação de "tensão" entre o direito de personalidade (P1) e a liberdade de informar por meio de radiodifusão (P2). Isoladamente, os princípios importam em uma contradição, pois, o P1 proibiria a exibição e o P2 permitiria. Esta situação não é resolvida por meio da declaração de invalidade de um deles ou imposição de cláusula de exceção, mas sim por meio de um sopesamento, considerando que nenhum destes princípios possuem precedência geral ou absoluta[124].

Na segunda etapa, o Tribunal Constitucional Federal sustentou uma "precedência geral" (não absoluta) da liberdade de informar (P2), caso a informação sobre atos criminosos seja atual (C1), ou seja, (P2 P P1) C1[125].

Por fim, a decisão ocorreu na terceira etapa. O tribunal considerou que a repetição da notícia (notícia não inédita) sobre o crime seria lesiva, pois, colocaria a ressocialização do acusado em risco (C2)[126]. Neste caso, a proteção à personalidade (P1) possui precedência sobre a liberdade de informar (P2), importando na proibição da veiculação da notícia. Assim, o enunciado de preferência é: (P1 P P2) C2[127]. C2 é composto por quatro condições: repetição, ausência de interesse atual pela informação, grave crime e risco à ressocialização[128].

Segundo Roberto Alexy[129]:

> Se o princípio P1 tem precedência em face do princípio P2 sob as condições C: (P1 P P2) C, e se do princípio P1, sob as condições C, decorre a consequên-

123 Alexy, Robert. **Teoria dos direitos fundamentais**. Tradução de Virgílio Afonso da Silva da 5ª edição alemã. 2 ed. São Paulo: Malheiros editores, 2015. p. 100.

124 Alexy, Robert. **Teoria dos direitos fundamentais**. Tradução de Virgílio Afonso da Silva da 5ª edição alemã. 2 ed. São Paulo: Malheiros editores, 2015. p. 100.

125 Alexy, Robert. **Teoria dos direitos fundamentais**. Tradução de Virgílio Afonso da Silva da 5ª edição alemã. 2 ed. São Paulo: Malheiros editores, 2015. p. 101.

126 Alexy, Robert. **Teoria dos direitos fundamentais**. Tradução de Virgílio Afonso da Silva da 5ª edição alemã. 2 ed. São Paulo: Malheiros editores, 2015. p. 102.

127 Alexy, Robert. **Teoria dos direitos fundamentais**. Tradução de Virgílio Afonso da Silva da 5ª edição alemã. 2 ed. São Paulo: Malheiros editores, 2015. p. 102.

128 Alexy, Robert. **Teoria dos direitos fundamentais**. Tradução de Virgílio Afonso da Silva da 5ª edição alemã. 2 ed. São Paulo: Malheiros editores, 2015. p. 102.

129 Alexy, Robert. **Teoria dos direitos fundamentais**. Tradução de Virgílio Afonso da Silva da 5ª edição alemã. 2 ed. São Paulo: Malheiros editores, 2015. p. 99.

cia jurídica R, então, vale uma regra que tem C como suporte fático e R como consequência jurídica: C → R.

Logo, a "regra C2 → R, que corresponde ao enunciado de preferência, é uma regra com quatro atributos de suporte fático" [130], e possui a seguinte estrutura:

(5) T1 e T2 e T3 e T4 → R.

Isso significa que uma notícia repetida (T1), que não é revestida de interesse atual pela informação (T2), sobre um crime grave (T3) e que arrisca a ressocialização do autor (T4), é proibida do ponto de vista dos direitos fundamentais[131].

A ponderação de princípios constitucionais, então, deve ser utilizada pelo intérprete para se identificar qual prevalece ante o caso concreto.

Segundo Bulos[132]:

> Por seu intermédio, procura-se estabelecer o peso relativo de cada um dos princípios contrapostos. Como os bens constitucionais não são uns superiores aos outros, afinal integram um mesmo texto magno, e foram procriados pelo mesmo poder constituinte, apenas pelo estudo do caso concreto saberemos qual deve preponderar. À vista da situação prática, o intérprete analisa qual o bem que deve ceder perante o outro, sempre buscando o resultado socialmente desejável.

A ponderação, para ter uma confiabilidade e efetividade, deve também respeitar certos parâmetros quanto à resolução de colisão entre princípios fundamentais.

[130] Alexy, Robert. **Teoria dos direitos fundamentais**. Tradução de Virgílio Afonso da Silva da 5ª edição alemã. 2 ed. São Paulo: Malheiros editores, 2015. p. 102.
[131] Alexy, Robert. **Teoria dos direitos fundamentais**. Tradução de Virgílio Afonso da Silva da 5ª edição alemã. 2 ed. São Paulo: Malheiros editores, 2015. p. 102.
[132] Bulos, Uadi Lammêgo. **Curso de direito constitucional**. 8. ed. São Paulo: Saraiva, 2014. p. 463.

O primeiro deles é a contabilização e harmonização de direito colidentes, de forma a realizá-los em sua integralidade (princípio da concordância prática ou da harmonização)[133]. O segundo, consiste na proibição de que as restrições afetem o núcleo essencial de proteção dos direitos, descaracterizando-os (princípio do núcleo essencial)[134]. Por fim, o terceiro critério diz respeito à proporcionalidade entre a restrição e o bem jurídico protegido (regra da proporcionalidade)[135].

Luis Roberto Barroso[136] ainda expõe outros parâmetros constitucionais na tentativa de estabelecer um caminho a ser seguido pelo intérprete a fim de resolver o conflito entre a liberdade de informação e a privacidade, expostos abaixo.

O primeiro deles diz respeito à verdade do fato, ou seja, a proteção constitucional se relaciona à notícia verdadeira, entendida como a divulgada a partir de uma apuração razoável e com boa-fé. A licitude do meio empregado na obtenção da informação se mostra como parâmetro, vez que não se permite a prática de crimes para a obtenção de informações.

Se se tratar de personalidade pública, evidentemente, seu direito de privacidade é considerado mais brando, o que não se confunde com supressão. O local do fato pode implicar no grau de publicidade, pois, um acontecimento ocorrido no interior de uma residência encontra maior proteção do que o ocorrido em via pública. A natureza do fato é relevante

133 FARIAS, Edilsom Pereira de. **Liberdade de expressão e comunicação**: teoria e proteção constitucional. Tese de doutorado. Universidade Federal de Santa Catarina. Florianópolis, 2001. p. 290. Disponível em? <https://core.ac.uk/download/pdf/30360546.pdf>. Acesso em: 22 ago. 2022. p. 233.

134 FARIAS, Edilsom Pereira de. **Liberdade de expressão e comunicação**: teoria e proteção constitucional. Tese de doutorado. Universidade Federal de Santa Catarina. Florianópolis, 2001. p. 290. Disponível em? <https://core.ac.uk/download/pdf/30360546.pdf>. Acesso em: 22 ago. 2022. p. 233.

135 FARIAS, Edilsom Pereira de. **Liberdade de expressão e comunicação**: teoria e proteção constitucional. Tese de doutorado. Universidade Federal de Santa Catarina. Florianópolis, 2001. p. 290. Disponível em? <https://core.ac.uk/download/pdf/30360546.pdf>. Acesso em: 22 ago. 2022. p. 233.

136 BARROSO, Luís Roberto. Colisão entre liberdade de expressão e direitos da personalidade. Critérios de ponderação. Interpretação constitucionalmente adequada do código civil e da lei de imprensa. **Revista de Direito Administrativo**. Rio de Janeiro, 235. 1-36. Jan./Mar. 2004.

para influir no grau de publicidade, pois, naturalmente, envolvem o interesse público, como é o caso de desastres naturais e a prática de crimes.

O interesse público, por sua vez, se mostra como essencial para a divulgação de notícias, fator que pode restringir a exposição caso a privacidade de alguém se sobreponha a ele. Presume-se que a divulgação de fatos que digam respeito à atividade de órgãos públicos contém interesse público, não só por questões de publicidade inerente à atividade pública, mas, também, para fins de controle.

O último parâmetro consiste na preferência de sanções a posteriori, se vedando a proibição prévia de divulgação. É bem verdade que esta tem sido, há muito tempo, a atuação mais comum por parte do Poder Judiciário, vez que é mais segura para o julgador e evita discussões a respeito de eventual prática de censura.

Porém, o parâmetro indicado não bane a interdição prévia da notícia, mas, ao contrário, a coloca em último lugar dentro das possibilidades, de forma excepcional, vez que é a mais radical[137]. Se reconhece, assim, a possibilidade de a simples publicidade gerar violações irreparáveis à privacidade.

Um critério que também convém mencionar é o da proporcionalidade. Proporcional é aquilo estritamente adequado e necessário à consecução de determinado fim, de forma a se evitar excessos.

Segundo Emerson Garcia[138], a proporcionalidade é um fundamento que controla a intervenção estatal, de forma estritamente ligada ao exercício dos direitos fundamentais. Isto, porque, seus elementos estruturantes, se presentes, conduzem a uma atuação do Estado em atendimento às finalidades constitucionais.

O primeiro elemento, a adequação, é entendida como a relação entre os meios adotados e os fins visados, ou seja, deve haver uma adequação

[137] Barroso, Luís Roberto. Colisão entre liberdade de expressão e direitos da personalidade. Critérios de ponderação. Interpretação constitucionalmente adequada do código civil e da lei de imprensa. **Revista de Direito Administrativo**. Rio de Janeiro, 235. 1-36. Jan./Mar. 2004.

[138] Garcia. Emerson. **Conflito entre normas constitucionais**: esboço de uma teoria geral. Rio de Janeiro: Lumen Juris, 2008. p. 350.

que vise o bem comum, sem a presença de arbitrariedades[139]. A necessidade é o segundo elemento, podendo ser definida como o estabelecimento de limitações à consecução dos fins almejados, de forma a ocorrer a mínima violação de direitos possível[140]. Por fim, a proporcionalidade em sentido estrito consiste na ponderação necessária para se estabelecer um juízo de equivalência, de forma que a ação e a reação tenham relações diretamente proporcionais, ou seja, quanto maior a ação, maior a reação e, quanto menor a ação, menor a reação[141].

A proporcionalidade em sentido amplo é extremamente necessária à ponderação de princípios constitucionais, pois, os pesos atribuídos aos valores conflitantes no caso concreto dependerão da relevância de cada um.

Assim, o juiz deverá expor as razões da necessidade e adequação do sacrifício de um direito para a consecução das finalidades constitucionais, de forma a evidenciar qual direito terá prevalência sobre o outro.

Feitas as considerações teóricas sobre a ponderação, é necessário, neste momento, analisar as peculiaridades do conflito envolvendo a liberdade de imprensa e a privacidade.

Primeiramente, é necessário considerar que, de forma geral, o constituinte visou o exercício concomitante de todos os direitos fundamentais, de forma que um não excluísse o outro. Frisou-se a busca por uma compatibilidade entre a liberdade de informação e os direitos personalíssimos, de forma que ambos não se excluíssem[142]. Para isso, os próprios direitos seriam mutuamente limitadores uns dos outros, se proibindo "o exercício indiscriminado desses valores, sob pena de não se tutelar o valor supremo da dignidade da pessoa humana"[143].

[139] Garcia. Emerson. **Conflito entre normas constitucionais**: esboço de uma teoria geral. Rio de Janeiro: Lumen Juris, 2008. p. 351.

[140] Garcia. Emerson. **Conflito entre normas constitucionais**: esboço de uma teoria geral. Rio de Janeiro: Lumen Juris, 2008. p. 351.

[141] Garcia. Emerson. **Conflito entre normas constitucionais**: esboço de uma teoria geral. Rio de Janeiro: Lumen Juris, 2008. p. 352.

[142] Pereira, Fabrício Fracaroli. Estado Democrático de Direito e Liberdade de Imprensa. **Revista do Direito Público**, Londrina, v.8, n.2, p.119-138, mai./ago.2013.

[143] Bertolino, Gilberto Nascimento, Bertolino, Monique Pimentel. **A limitação da liberdade de imprensa frente aos direitos da personalidade como garantia da digni-**

Porém, o STF, seguindo o voto do relator da ADPF nº 130, decidiu que a Constituição Federal considera a liberdade de imprensa um direito que possui precedência em face dos outros direitos fundamentais. Tal conclusão decorre de dois termos presentes no artigo 220, *caput* e § 1º, respectivamente: "não sofrerá qualquer restrição" e é "plena". Ademais, a importância da imprensa para o regular exercício do regime democrático é evidente, na medida em que a informação se desprende de qualquer censura prévia ou inconformismo.

Segundo o Ministro Ayres Brito, este entendimento não prejudica a ponderação caso se trate de abuso do direito de comunicação, podendo juiz aplicar, a partir da análise do caso concreto, medidas a posteriori, como o direito de resposta, indenização civil e persecução penal.

De todo modo, as circunstâncias do caso concreto estabelecerão se "a divulgação de fatos relacionados com uma dada pessoa será tida como admissível ou como abusiva"[144]. Espera-se, também, que, com a ponderação, sejam "observados os critérios da proporcionalidade e da preservação do núcleo essencial dos direitos em conflito"[145].

Os limites dos direitos estudados fornecem parâmetros confiáveis capazes de influir no resultado da ponderação de princípios. Por exemplo, ofensas e demais afrontas à honra do indivíduo são aspectos que não justificam a prevalência da liberdade de imprensa. Segundo Branco e Mendes[146]:

> O respeito à honra de terceiros é outro limite à liberdade de imprensa. Aqui, a restrição está prevista expressamente na Constituição. Não quer isso dizer que apenas notícias agradáveis sejam lícitas. A informação sobre o personagem de um evento pode-lhe ser ofensiva e não haverá ilicitude, desde que os

dade da pessoa humana e respeito ao direito ao esquecimento. Disponível em: <http://publicadireito.com.br/artigos /?cod=b8c55b4de0a73217>. Acesso em 08 de fevereiro de 2023.

144 Branco, Paulo Gustavo Gonet, e Mendes, Gilmar Ferreira. **Curso de direito constitucional**. 1 ed. rev. e atual. São Paulo: Saraiva, 2015. p. 283.

145 Sarlet, Ingo Wolfgang, Marinoni, Luiz Guilherme. Mitidiero, Daniel. **Curso de direito constitucional**. 7. ed. São Paulo: Saraiva Educação, 2018. p. 536.

146 Branco, Paulo Gustavo Gonet, e MENDES, Gilmar Ferreira. **Curso de direito constitucional**. 1 ed. rev. e atual. São Paulo: Saraiva, 2015. p. 277.

termos empregados sejam condizentes com o intuito de informar assunto de interesse público.

Ademais, deve ser considerada a relevância da notícia para a formação da opinião pública e o funcionamento da democracia[147].

Como dito anteriormente, a informação divulgada deve ser útil à coletividade, devendo transcender ao interesse individual, seja pelo status social do indivíduo (personalidade pública ou não), seja pela relevância pública da notícia (principalmente quando dizer respeito às funções do Estado)[148].

Assim, o interesse público é fator que pode ressalvar o direito de intimidade, honra, vida privada e imagem, *in verbis*[149]:

> Verifica-se a tendência de tomar como justificável a intrusão sobre a vida privada de alguém quando houver relevância pública na notícia que expõe o indivíduo. Assim, revelar algum hábito sexualmente heterodoxo de um líder político, que se apoia num eleitorado conservador, certamente que não possui o mesmo coeficiente de interesse relevante que teria o noticiário de igual comportamento praticado por um cidadão comum.

A relevância pública da notícia justifica a invasão à privacidade das autoridades públicas, pois, é de interesse da coletividade tomar ciência de aspectos importantes, como decisões, reuniões, falas etc. É evidente a importância da divulgação de notícias relativas à saúde ou segurança públicas, ou ainda com o fim de prevenir "que o público seja iludido por mensagens ou ações de indivíduos que postulam a confiança da sociedade"[150].

[147] FARIAS, Edilsom Pereira de. **Liberdade de expressão e comunicação**: teoria e proteção constitucional. Tese de doutorado. Universidade Federal de Santa Catarina. Florianópolis, 2001. p. 290. Disponível em? <https://core.ac.uk/download/pdf/30360546.pdf>. Acesso em: 22 ago. 2022. p. 233.

[148] FARIAS, Edilsom Pereira de. **Liberdade de expressão e comunicação**: teoria e proteção constitucional. Tese de doutorado. Universidade Federal de Santa Catarina. Florianópolis, 2001. p. 290. Disponível em? <https://core.ac.uk/download/pdf/30360546.pdf>. Acesso em: 22 ago. 2022. p. 233.

[149] BRANCO, Paulo Gustavo Gonet, e MENDES, Gilmar Ferreira. **Curso de direito constitucional**. 1 ed. rev. e atual. São Paulo: Saraiva, 2015. p. 285.

[150] BRANCO, Paulo Gustavo Gonet, e MENDES, Gilmar Ferreira. **Curso de direito constitucional**. 1 ed. rev. e atual. São Paulo: Saraiva, 2015. p. 285.

Por tais razões, as personalidades públicas tendem a ter seu direito de privacidade, intimidade e imagem restringidos, mas não suprimidos, de forma a se fornecer uma utilidade da informação para que os indivíduos possam melhor exercer a sua cidadania[151].

Há de se estabelecer, então, uma relação inversa entre o grau de proteção à privacidade e o interesse público da notícia ou informação[152]:

> (...) onde houver maior interesse (legítimo) da opinião pública sobre informações a respeito das ações e da vida privada de alguém, ou mesmo, como já frisado, o próprio titular dos direitos de personalidade tenha já voluntariamente exposto sua vida privada, justifica-se uma menor proteção – mas não supressão! – da honra, da imagem e da vida íntima e privada e um maior espaço para a liberdade de informação e expressão.

Deve ser considerado também que, se o próprio indivíduo divulga informações pessoais, não há como impedir, obviamente, a sua propagação. Na mesma linha, caso o indivíduo deixa de possuir o status de personalidade pública, o seu direito à privacidade retorna à proteção integral, sendo equivalente a uma pessoa comum.

A liberdade de imprensa, como mecanismo de fiscalização, não pode ser restrita por expor denúncias de corrupção ou divulgar atos ilícitos de autoridades. A imprensa é o meio "formador de opinião mais próximo de grande parcela da população"[153], influenciando na formação da opinião pública e contribuindo com o aprimoramento do processo político democrático[154].

[151] Branco, Paulo Gustavo Gonet, e Mendes, Gilmar Ferreira. **Curso de direito constitucional**. 1 ed. rev. e atual. São Paulo: Saraiva, 2015. p. 285.

[152] Sarlet, Ingo Wolfgang, Marinoni, Luiz Guilherme. Mitidiero, Daniel. **Curso de direito constitucional**. 7. ed. São Paulo: Saraiva Educação, 2018. p. 535.

[153] Araújo, Francisco Marcos de. **Ponderação de bens na superação da colisão entre a liberdade de imprensa e direito à privacidade no sistema constitucional brasileiro**. 352 f. Dissertação (Mestrado em Direito) – Universidade Federal do Rio Grande do Norte. Natal, 2017. p. 121.

[154] Araújo, Francisco Marcos de. **Ponderação de bens na superação da colisão entre a liberdade de imprensa e direito à privacidade no sistema constitucional brasileiro**.

Mas, para isto, a veracidade das informações difundidas deve ser levada em consideração, pois, a prova de que o comunicador diligenciou em busca da verdade e verificou a confiabilidade das fontes fortalece as alegações publicadas[155]. Novamente, deve haver um juízo de plausibilidade da notícia, de forma que o jornalista haja de boa-fé, buscando a verdade e se atendo à divulgação dos fatos.

Outro importante aspecto é a atenção dada à forma como a divulgação é realizada. As expressões utilizadas são cruciais para verificar se houve excesso ou ofensas. Assim, "a exposição deve evitar o uso de epítetos pejorativos ou de meras sacadilhas, que em nada contribuem para o exercício da liberdade de expressão e comunicação"[156].

Por óbvio, caso a matéria jornalista contenha qualquer ofensa, será considerada abusiva, uma vez que viola outros direitos igualmente fundamentais.

Deve ser verificado se a notícia foi veiculada por "profissional da comunicação e realizada por meio de veículo de comunicação em massa"[157], pois, caso contrário, as balizas e as repercussões da comunicação são diversas, vez que, não se tratará da liberdade de imprensa, mas sim, por exemplo, da liberdade de expressão.

O fornecimento prévio do direito de resposta também pode se mostrar como um critério relevante em determinadas situações para saber se a notícia é abusiva ou não. Antes de publicar determinada reportagem, é importante que o repórter procure o noticiado e colete a sua versão dos

352 f. Dissertação (Mestrado em Direito) – Universidade Federal do Rio Grande do Norte. Natal, 2017. p. 122.

155 Farias, Edilsom Pereira de. **Liberdade de expressão e comunicação**: teoria e proteção constitucional. Tese de doutorado. Universidade Federal de Santa Catarina. Florianópolis, 2001. p. 290. Disponível em? <https://core.ac.uk/download/pdf/30360546.pdf>. Acesso em: 22 ago. 2022. p. 233.

156 Farias, Edilsom Pereira de. **Liberdade de expressão e comunicação**: teoria e proteção constitucional. Tese de doutorado. Universidade Federal de Santa Catarina. Florianópolis, 2001. p. 290. Disponível em? <https://core.ac.uk/download/pdf/30360546.pdf>. Acesso em: 22 ago. 2022. p. 234.

157 Farias, Edilsom Pereira de. **Liberdade de expressão e comunicação**: teoria e proteção constitucional. Tese de doutorado. Universidade Federal de Santa Catarina. Florianópolis, 2001. p. 290. Disponível em: <https://core.ac.uk/download/pdf/30360546.pdf>. Acesso em: 22 ago. 2022. p. 234.

fatos, principalmente se envolver situações em que há suspeitas da prática de crime. Esta medida é razoável para se descobrir a verdade e para se retirar qualquer tendência da notícia.

O Ministro Ayres Brito, acompanhado pela maioria dos Ministros do STF no julgamento da ADPF nº 130[158], considerou que a inviolabilidade do direito de privacidade não pode ter precedência em face dos sobredireitos, entendidos como a liberdade de pensamento e de expressão em sentido geral (aqui se inclui a liberdade de imprensa). Isto pois, a sua tutela ocorre através do direito de resposta, da reparação pecuniária e da persecução penal.

A Constituição Federal previu o direito de resposta pós-danos no artigo 5º, V, como uma das formas de se tutelar o direito de privacidade quando a liberdade de expressão ou imprensa extrapolarem seu âmbito de aplicação e causem danos a outrem.

O Legislador regulamentou o referido direito através da Lei nº 13.188/2015[159], a fim de dispor sobre o seu exercício em sede de matéria divulgada ou transmitida por veículo de comunicação social. A doutrina[160] afirma que se trata de uma espécie de tutela restaurativa, uma vez que visa o esclarecimento ou correção dos fatos divulgados.

A lei visa assegurar às pessoas ofendidas pela imprensa o direito de resposta e de retificação, caso existam quaisquer tipos de ofensas, podendo exercê-los de forma gratuita e proporcional ao agravo (art. 2º).

Para isso, o ofendido deve enviar ao veículo de comunicação, mediante aviso de recebimento, a resposta ou retificação no prazo decadencial de sessenta dias (art. 3º), o qual, se inerte por prazo superior a sete dias, dará ensejo ao surgimento do interesse jurídico para a propositura da ação judicial (art. 5º).

[158] BRASIL. STF – **ADPF 130**. Relator: Ministro Carlos Ayres Brito. Julgado em: 30/04/2009. Disponível em: <https://redir.stf.jus.br/paginadorpub/paginador.jsp?docTP=AC&docID=605411>. Acesso em: 14 mar. 2023. p. 47.

[159] BRASIL. **Lei nº 13.188**, de 11 de novembro de 2015. Dispõe sobre o direito de resposta ou retificação do ofendido em matéria divulgada, publicada ou transmitida por veículo de comunicação social. Diário Oficial da União: 12 nov. 2015.

[160] HIBNER, Davi Amaral. **As tutelas dos direitos da personalidade no Código de Processo Civil.** 344 f. Dissertação (Mestrado em Direito) – Universidade Federal do Espírito Santo. Vitória, 2019. p. 213.

Não importa, para o exercício do direito de resposta ou da ação, a ocorrência de retratação ou retificação espontânea, ainda que possua o mesmo destaque, publicidade, periodicidade e dimensão do agravo (art. 2º, § 3º).

Além das previsões citadas, trouxe a lei um rito processual especial, mais célere, caracterizado pela exigência de prova do agravo e fornecimento do texto a ser divulgado, referente ao pedido de resposta ou retificação, sob pena de inépcia da inicial; prazo máximo de trinta dias para a tramitação da ação; prazo de três dias para a contestação; vedação à cumulação de pedidos, à reconvenção, ao litisconsórcio, à assistência e à intervenção de terceiros; recebidos os autos, o juiz determinará ao veículo de comunicação que apresente as razões que não divulgou o direito de resposta, no prazo de vinte e quatro horas, findo o qual, havendo ou não resposta, estabelecerá as condições e data para a veiculação, sob pena de multa diária.

As disposições contidas na Lei do direito de resposta dizem respeito aos limites que a imprensa se submete, bem como as medidas cabíveis em caso de abuso.

O objeto da demanda é o fornecimento da tutela específica do direito de resposta e retificação, e não o estabelecimento de indenização por danos morais. Tanto é que, no artigo 12, a Lei nº 13.188/2015 previu que a ação de danos morais e materiais decorrentes dos prejuízos deverão ser propostos em ação própria, de forma que somente poderão fazer parte da mesma ação caso o autor desista da tutela específica, seguindo o processo o rito comum.

Assim, percebe-se que a imprensa sofre restrições em relação ao teor da notícia, de forma que, além das ofensas, o não fornecimento do direito de resposta pode retirar o interesse público e informativo da reportagem.

Porém, de forma geral, entende-se que a liberdade de imprensa possui uma posição preferencial no conflito entre princípios constitucionais[161]. Isso não significa que o direito de imprensa é hierarquicamente superior aos outros ou tenha relações incondicionadas, abstratas ou absolutas.

[161] SARLET, Ingo Wolfgang, MARINONI, Luiz Guilherme. MITIDIERO, Daniel. **Curso de direito constitucional**. 7. ed. São Paulo: Saraiva Educação, 2018. p. 524.

A preferência visa, segundo a doutrina[162]:

> (...) reconhecer à liberdade de expressão uma posição de vantagem no caso de conflitos com outros bens fundamentais no que diz com a hierarquização das posições conflitantes no caso concreto, de tal sorte que também nessa esfera – da solução para eventual conflito entre a liberdade de expressão e outros bens fundamentais individuais e coletivos – não há como deixar de considerar as exigências da proporcionalidade e de outros critérios aplicáveis a tais situações.

Essa preferência decorre dos limites impostos, pois, se não houver, no caso, abuso, excessos, ofensas, violações ao interesse público, ou ainda algum conflito com outros direitos, a liberdade de imprensa deverá ser mantida, a fim de se evitar censuras.

É que, normalmente, as manifestações da imprensa ultrapassam o interesse individual. Por isso, não seria justo a coletividade se manter na ignorância, de forma absoluta, a pretexto de se garantir o direito de privacidade. Na prática, tal dinâmica seria conveniente apenas para esconder a prática de crimes e atos abusivos.

Assim, é certo que a liberdade de imprensa possui alto grau de preferência e abrangência, o que não significa que se trata de direito absoluto, podendo, em casos excepcionais, ser limitada em prol da intimidade, privacidade, honra, imagem e a dignidade humana de forma geral, como nos casos em que não há um interesse público na manifestação.

A instrumentalização do direito de privacidade, por meio da tutela inibitória, depende do resultado obtido da ponderação de princípios constitucionais.

Isto, pois, caso a ponderação realizada no caso concreto revele que o uso da liberdade de imprensa importa em excessos, configuradores de ilícito e capazes de gerar danos aos direitos de personalidades, a inibição ou remoção de matéria jornalística deve ser realizada preventivamente[163].

[162] SARLET, Ingo Wolfgang, MARINONI, Luiz Guilherme. MITIDIERO, Daniel. **Curso de direito constitucional**. 7. ed. São Paulo: Saraiva Educação, 2018. p. 524.

[163] HIBNER, Davi Amaral. **As tutelas dos direitos da personalidade no Código de Processo Civil**. 344 f. Dissertação (Mestrado em Direito) – Universidade Federal do Espírito

Observa-se que, nesta situação, não se trata de censura, vez que não houve o controle prévio e injustificado (e até abusivo) do conteúdo de publicação jornalística.

Conforme aduzido por Luis Gustavo Grandinetti Carvalho[164]:

> (...) a proibição de censura dirige-se aos poderes administrativos e não ao Poder Judiciário, que não tem como exercer censura a priori, mas como é de seu ofício, compor interesses em conflito concretamente invocados. Portanto, decisão judicial não seria ato de censura desde que atenta aos princípios que permitem a limitação à determinadas liberdades.

Quando o magistrado, a partir das circunstâncias do caso concreto, embasa sua decisão não só na excepcionalidade de intervenção judicial, mas também na necessidade de se evitar danos a direitos personalíssimos[165] provenientes de excessos da liberdade de imprensa, o faz em prol do dever constitucional de promoção de direitos, previsto no artigo 5º, XXXV, CF.

Esta finalidade subsiste ainda que, para prover direitos, tenha o juiz que suprir outros. Daí a importância da utilização da ponderação de princípios constitucionais, pois, em um caso concreto, a validade da redução de direitos fundamentais importa, em verdade, na promoção de outros.

Por isso, a precedência do direito à privacidade justifica a redução da liberdade de imprensa e não configura censura, caso existam motivos suficientes na situação analisada. A privacidade será garantida, assim, através da inibição da prática, reiteração, continuação, ou remoção do ilícito que, no caso, consiste em matéria jornalística abusiva.

Situação diversa é aquela em que a ponderação evidencie que, ao analisar os fatos, se constate que a liberdade de imprensa foi exercida sem

Santo. Vitória, 2019. p. 170.

[164] Carvalho, Luis Gustavo Grandinetti Castanho de. **Direito de informação e Liberdade de expressão.** Rio de Janeiro: Renovar, 1999. p. 123.

[165] Guimarães, Ricardo Duarte, Bastos, Antonio Jose Souza. A tutela inibitória como instrumento de proteção dos direitos da personalidade. **Revista de Processo, Jurisdição e Efetividade da Justiça.** v. 1, n. 2, p. 1-37, Jul/Dez. 2015.

abusos ou excessos, o que gerará a não concessão da tutela inibitória, e o direito de privacidade, por sua vez, será relativizado.

Nessa hipótese, caso seja concedida a inibição processual, a censura certamente estaria configurada, sendo a decisão passível de recurso e até reclamação perante o STF.

Prevalecendo a liberdade de imprensa, a privacidade, por óbvio, não será extinta, mas apenas, naquele caso específico, restrita. Isto, porque o controle prévio do conteúdo fica prejudicado, o que não impede o indivíduo de buscar um ressarcimento civil a posteriori, caso sinta que a veiculação da matéria proporcionou danos a sua honra, imagem, intimidade ou privacidade.

O caráter não patrimonial do direito de privacidade é outra questão que se mostra como relevante para a ponderação. Isto pois, muito embora existam meios repressivos para se tutelar direitos em face do abuso do direito de imprensa, previstos, inclusive, na própria Constituição Federal, como a reparação de danos, direito de resposta e a responsabilização criminal, a sua aplicação em determinadas situações se mostra incompatível com as finalidades constitucionais, ao menos em relação à efetividade de direitos.

Por isso, a pesquisa prosseguirá a fim de entender o porquê de a tutela repressiva ser insuficiente para tutelar o direito de privacidade em face do abuso da liberdade de imprensa, bem como, exporá as vantagens do emprego da tutela preventiva de direitos para cumprir a previsão constitucional da inviolabilidade da privacidade.

2.4 A insuficiência da tutela ressarcitória em casos de abuso do direito de imprensa

A Constituição Federal garantiu o acesso à justiça como direito fundamental. Isso implica diretamente na forma como o Estado deve conduzir a organização judiciária brasileira, de forma a promover a efetiva e rápida resposta às demandas propostas.

A forma mais tradicional de se tutelar os direitos postos à análise do Poder Judiciário ocorre após a efetivação do dano, ou seja, tem cunho repressivo, pois, segue o método tríplice da responsabilização civil: culpa, nexo causal e dano.

Por ser prevista inclusive constitucionalmente, a sanção civil ocorre através de uma indenização pecuniária, a fim de substituir o dano causado. Porém, em certas situações, não é possível a equivalência entre a sanção e o dano, porque, por exemplo, em decorrência da natureza e características do direito violado, a indenização pode se mostrar totalmente incompatível e sem utilidade.

Ainda que a proteção insuficiente da tutela repressiva em tais casos seja de amplo conhecimento, a ação de indenização civil continua sendo o meio mais usual para combater abusos de direitos, o que se justifica pelo histórico do sistema jurídico brasileiro.

Segundo apontou Ovídio Baptista da Silva[166], a doutrina possui dificuldades de conceber uma tutela puramente preventiva, pois, os sistemas jurídicos modernos possuem raízes no racionalismo iluminista do século XVII.

A partir da repartição dos poderes, de Montesquieu, o Poder Judiciário teria o mero papel de reproduzir as palavras da lei. A reprodução da norma pressupõe que ela contém apenas um único sentido, ou seja, não deveria haver margem para interpretação por parte do juiz.

Tanto é que, no século XIX, os códigos diminuíram a atividade interpretativa visando eliminar a retórica do campo jurídico em geral e especificamente do processo[167]. Tal entendimento foi vislumbrado como um direito tirânico, pois, a pretexto de pregar o "direito perfeito", retirava qualquer possibilidade de questionamento[168].

Savigny também contribuiu para a "geometrização" do direito processual civil, pois, defendia a existência de "princípios orientadores", ou seja, fragmentos legais que seriam aplicados a todo o tipo de caso, o que contribuiu para a "fuga do direito rumo ao formalismo, desligando-se da realidade social"[169].

166 SILVA, Ovídio Baptista da. Racionalismo e Tutela Preventiva em Processo Civil. **Revista dos Tribunais**, São Paulo, v. 91, n. 801, p. 30-43, jul. 2002.

167 SILVA, Ovídio Baptista da. Racionalismo e Tutela Preventiva em Processo Civil. **Revista dos Tribunais**, São Paulo, v. 91, n. 801, p. 30-43, jul. 2002.

168 SILVA, Ovídio Baptista da. Racionalismo e Tutela Preventiva em Processo Civil. **Revista dos Tribunais**, São Paulo, v. 91, n. 801, p. 30-43, jul. 2002.

169 SILVA, Ovídio Baptista da. Racionalismo e Tutela Preventiva em Processo Civil. **Revista dos Tribunais**, São Paulo, v. 91, n. 801, p. 30-43, jul. 2002.

A tutela preventiva, assim, teria que vencer tais barreiras para ser aplicada, o que fez com que a sua existência jurídica, praticamente, inexistisse.

Como afirma Ovídio Baptista da Silva[170]:

> (...) costuma-se distinguir as funções atribuídas a cada um dos três poderes do Estado, nos regimes democráticos representativos, dizendo que os legisladores têm a missão de prover para o futuro, aos administradores incumbe cuidar do presente, enquanto os juízes têm por missão "consertar" o passado.

O referido trecho representa o entendimento da tutela tradicional, a qual se destina à reparação de danos causados, em uma perspectiva pós-danos.

O viés repressivo também decorre do dever imposto ao juiz de descobrir a "vontade da lei" a partir do caso concreto. Porém, se o caso ainda não ocorreu, a função jurisdicional estaria prejudicada, vez que a diversidade das situações não permite a aplicação de uma regra uniforme[171].

Dessa forma, a tutela preventiva se pautaria em um juízo de probabilidade, cuja certeza matemática cederia lugar aos juízos de verossimilhança. Assim:

> Se o magistrado deve prover para o que possa ocorrer no futuro, a sentença terá de sustentar-se em juízos hipotéticos. Em última análise, seu juízo será, nestes casos, necessariamente condicional, com o risco de a sentença não representar a vontade do legislador, mas a "vontade do juiz", de modo que, dizia Hobbes, seria por definição "injusta". A dificuldade encontrada pela tutela preventiva reside nisto[172].

[170] SILVA, Ovídio Baptista da. Racionalismo e Tutela Preventiva em Processo Civil. **Revista dos Tribunais**, São Paulo, v. 91, n. 801, p. 30-43, jul. 2002.
[171] SILVA, Ovídio Baptista da. Racionalismo e Tutela Preventiva em Processo Civil. **Revista dos Tribunais**, São Paulo, v. 91, n. 801, p. 30-43, jul. 2002.
[172] SILVA, Ovídio Baptista da. Racionalismo e Tutela Preventiva em Processo Civil. **Revista dos Tribunais**, São Paulo, v. 91, n. 801, p. 30-43, jul. 2002.

O direito moderno, então, se funda no valor da "segurança", a fim de obter resultados tão seguros e exatos como uma função algébrica, o que justifica a valorização do procedimento comum (antigo procedimento ordinário) e do contraditório[173].

A tutela jurisdicional, a partir desta concepção, formula um "juízo sobre a existência dos direitos reclamados e, mais que isso, impõe as medidas necessárias à manutenção ou reparação dos direitos reconhecidos"[174].

O dogma tradicional, de origem romana, reconhece que a única tutela contra o ilícito é a reparatória[175]. A defesa de direitos violados ocorre, assim, através de uma ação civil indenizatória, seja por danos morais ou materiais.

Embora, na prática, esta seja a regra, Elimar Szaniawski[176] afirma que a "dignidade da pessoa encontra sua proteção final através da responsabilidade civil quando for impossível evitar-se a ocorrência de danos".

O autor aponta que a tutela repressiva é o último meio de proteção a direitos, mas não o único. Se já houve a violação contra a vítima, então, a ação indenizatória deverá utilizada, não como a única via disponível, mas sim, a mais adequada. Isto, pois, a iminência do dano não pode ser tutelada através de uma ação ressarcitória, vez que a responsabilização civil pressupõe a ocorrência de dano.

A impossibilidade de se quantificar financeiramente a violação a tais direitos é outro fator de ineficácia da tutela repressiva. Isto, pois, o juízo de equivalência realizado para substituir o direito violado por uma indenização pecuniária se pauta em parâmetros extremamente subjetivos e imprecisos.

[173] SILVA, Ovídio Baptista da. Racionalismo e Tutela Preventiva em Processo Civil. **Revista dos Tribunais**, São Paulo, v. 91, n. 801, p. 30-43, jul. 2002.

[174] ZAVASCKI, Teori Albino. **Antecipação da tutela**. São Paulo: Saraiva, 2000. p. 6.

[175] MARINONI, Luiz Guilherme. **Tutela inibitória**: individual e coletiva. 5. ed. rev. São Paulo: Thomson Reuters Brasil, 2019b. p. 35.

[176] SZANIAWSKI, Elimar. **Direitos da personalidade e sua tutela**. São Paulo: Revista dos Tribunais, 2005. p. 251.

A própria Constituição Federal, em seu artigo 5º, XXXV garante uma dupla proteção, seja repressiva ou preventiva, como afirma Joaquim Felipe Spadoni[177]:

> O dispositivo constitucional garante, assim, não apenas um devido processo legal tendente a uma tutela jurisdicional repressiva, atuada após a lesão do direito, com o fim de que seja feita a reparação dos danos causados ou a sua reintegração. É assegurado, também, o acesso a um processo tendente a evitar a lesão do direito, o acesso a uma tutela jurisdicional preventiva, atuada quando ainda existe apenas a ameaça de lesão, e não já violação consumada.

A defesa preventiva de direitos encontra respaldo na Constituição e em leis infraconstitucionais, como o artigo 12 do Código Civil. Os direitos relativos à privacidade do indivíduo também estão inclusos no referido âmbito de proteção. A este respeito, Fabrício Fracaroli Pereira[178] afirma o seguinte:

> O artigo 12 do Código Civil, juntamente com os artigos 20 e 21, para além da reparação pecuniária tradicional em matéria de responsabilidade civil, reforçam a possibilidade de utilização de uma tutela que evite uma lesão a um direito da personalidade, ou seja, para que não se exija primeiro a ocorrência do dano para, só então, prestar-se a tutela do direito.

A atuação preventiva do Poder Judiciário, então, passou a romper, gradativamente, com o sistema clássico repressivo, o que importa em uma melhoria na efetivação de direitos, pois, consiste em mais um meio de defesa. Com a evolução do estudo do processo, percebeu-se a utilidade da tutela preventiva como um instrumento diferenciado, não para repa-

[177] SPADONI, Joaquim Felipe. **Ação inibitória**: a ação preventiva no art. 461 do CPC. São Paulo: Revista dos Tribunais, 2002. p. 25.

[178] PEREIRA, Fabrício Fracaroli. Estado Democrático de Direito e Liberdade de Imprensa. **Revista do Direito Público**, Londrina, v.8, n.2, p.119-138, mai./ago.2013.

rar, mas para prevenir a materialização do ilícito ou dano ao mundo jurídico[179]. Marinoni[180] expõe o seguinte:

> Para a efetiva proteção desses direitos, ou melhor, para a realização das normas que objetivam lhes dar proteção, é indispensável a tutela contra o ato contrário ao direito, ou seja, a tutela da norma, vista como tutela jurisdicional destinada a inibir a violação da norma ou a remover os efeitos concretos derivados da sua violação. Ora, se o ordenamento jurídico dos dias de hoje deve proteger determinados bens mediante a imposição de certas condutas, e por esta razão são editadas normas de direito material, é necessário que o processo civil seja estruturado de modo a atuá-las.

Como dito, este raciocínio encontra respaldo no mesmo dispositivo que garante a tutela jurisdicional repressiva (art. 5º, XXXV, CF), pois, a ameaça a direitos também foi objetivo de proteção constitucional. Por isso, a tutela que visa evitar a ocorrência de violações de direitos também deve ser efetiva e rápida.

Um outro ponto que chama atenção diz respeito a duração do processo na seara da tutela repressiva, cuja celeridade foi visada pela Constituição no art. 5º, LXXVIII[181]. Isto pois, "justiça atrasada não é justiça, senão injustiça qualificada e manifesta"[182], frase memorável que compôs o discurso de Ruy Barbosa, lido na Faculdade de Direito do Largo de São Francisco, em 1920.

O Poder Judiciário, ao ser procurado, recebe em suas mãos a incumbência de proteger direitos fundamentais. Por isso, a resposta dada não pode ser excessivamente morosa ao pleito da parte, sob pena de deixar o

[179] SARTÓRIO, Elvio Ferreira. **Tutela preventiva (inibitória) nas obrigações de fazer e não fazer.** Rio de Janeiro: Lumen Juris, 2007. p. 23.

[180] MARINONI, Luiz Guilherme. Tutela contra o ilícito (art. 497, parágrafo único, do CPC/2015). **Revista de Processo**. vol. 245. p. 313-329. São Paulo: Ed. RT, jul. 2015.

[181] Art. 5º, LXXVIII – "a todos, no âmbito judicial e administrativo, são assegurados a razoável duração do processo e os meios que garantam a celeridade de sua tramitação". BRASIL. **Constituição da República Federativa do Brasil de 1988**. Diário Oficial da União: 05 out. 1988.

[182] BARBOSA, Ruy, 1849-1923. **Oração aos moços**. Brasília: Senado Federal, Conselho Editorial, 2019. p. 58.

direito "escorrer sobre seus dedos", de forma a tornar o pronunciamento judicial inútil.

A tramitação do processo até o advento de decisão definitiva em demandas ressarcitórias possui uma duração considerável, o que, entretanto, pode dar causa concreta a danos ao jurisdicionado[183]. Além da fase recursal, a demora na fase de execução é outro fator que aumenta demasiadamente a espera para a realização da sentença. Acrescenta-se que os processos de indenização contra a Fazenda Pública, bem como as demandas que correm na Justiça Federal, são conhecidos por tramitar de forma bem mais lenta, sem contar o sistema de precatórios.

Como as necessidades das partes são imediatas, de nada adianta o recebimento de uma sentença favorável anos após o pleito inicial. A demora processual pode ensejar a ocorrência de danos, chamados de "danos marginais", o que acaba por colocar em xeque a efetividade de uma ação reparatória, não só contra o Estado, mas também contra o particular. Os danos marginais são reparáveis, ironicamente, por outra demanda judicial movida contra o Estado.

Assim, o tempo se mostra como uma variável essencial para a promoção da efetiva tutela de direitos, pois, as relações de direito material ocorrem de forma instantânea, ou seja, se criam e se extinguem em um prazo muito curto[184]. Por isso, o resultado fornecido pelo Judiciário deveria ser igualmente instantâneo, de forma a se evitar que o processo seja corrosivo a direitos[185].

Por tais razões, a tutela preventiva é muito mais vantajosa, pois, permite a defesa de direitos antes mesmo da sua violação normativa, o que

[183] ARMONI, Renato. **Tutela da evidência**. 191 f. Dissertação (Mestrado em direito) – Pontifícia Universidade Católica de São Paulo. São Paulo, 2021. p. 33.

[184] REZENDE, Ester Camila Gomes Norato. **Fortalecimento da tutela do direito provável**: atipicidade e generalização da tutela em combate ao dano marginal no direito brasileiro. 234 f. Tese (Doutorado em direito). Universidade Federal de Minas Gerais. 2016. p. 97.

[185] REZENDE, Ester Camila Gomes Norato. **Fortalecimento da tutela do direito provável**: atipicidade e generalização da tutela em combate ao dano marginal no direito brasileiro. 234 f. Tese (Doutorado em direito). Universidade Federal de Minas Gerais. 2016. p. 97.

garante maior qualidade da prestação jurisdicional, e, além disso, possibilita a utilização do tempo processual de forma que beneficie a parte[186].

A diferença entre ilícito e dano é um dos fatores que também torna a atuação preventiva eficaz, ao menos se comparada à tutela ressarcitória, uma vez que a tutela de direitos antes da ocorrência do dano enseja uma proteção mais completa. Neste sentido, Sérgio Cruz Arenhart[187] aduz o seguinte:

> Desde logo, constata-se a possibilidade de que haja lesão a direito sem o necessário evento danoso. O ato ilícito (contra jus) pode evidentemente ocorrer sem que surja, necessariamente, agregado a ela o resultado do dano material. E, mesmo ausente o dano, ainda assim é imperioso reconhecer que o direito não pode desconhecer da situação e ampará-la judicialmente. Isto pode ocorrer frente a qualquer relação jurídica, mas em relação a direitos não patrimoniais, o evento é típico: para que haja sua lesão, totalmente despiciendo é o resultado "dano". O dano é, tão-só, pressuposto necessário para a evocação da responsabilidade (reparação do dano); tirante este aspecto, porém, o fato ilícito, por si só, já é razão suficiente para invocar e obter proteção judicial – e surge aí o campo da tutela inibitória.

Por isso, não estaria mais o juiz olhando para o passado, a fim de reconstituir com segurança um arcabouço probatório apto a ensejar a reparação de danos. Ao contrário, a tutela contra o ilícito é voltada para o presente e futuro, a fim de, justamente, evitar que o dano ocorra, o que possibilita evitar violação futura ou fazer cessar violação que está ocorrendo. Conforme aduzido por Marinoni[188]:

A tutela inibitória, configurando-se como tutela preventiva, visa a prevenir o ilícito, culminando por apresentar-se, assim, como uma tutela anterior à sua prática, e não como uma tutela voltada para o passado,

[186] Monteiro, Agnelo Limeira dos Milagres. **Tutela preventiva**: urgência e simetria. 134 f. Dissertação (Mestrado em direito). Universidade Católica de Pernambuco. 2010. p. 27.

[187] Arenhart, Sérgio Cruz. **A tutela inibitória da vida privada**. v. 2. São Paulo: Revista dos Tribunais, 2000. p. 151.

[188] Marinoni, Luiz Guilherme. **Tutela inibitória**: individual e coletiva. 5. ed. rev. São Paulo: Thomson Reuters Brasil, 2019b. p. 34-35.

como a tradicional tutela ressarcitória. Quando se pensa em tutela inibitória, imagina-se uma tutela que tem por fim impedir a prática, a continuação ou a repetição do ilícito, e não uma tutela dirigida à reparação do dano. Portanto, o problema da tutela inibitória é a prevenção da prática, da continuação ou da repetição do ilícito, enquanto o da tutela ressarcitória é saber quem deve suportar o custo do dano, independentemente do fato de o dano ressarcível ter sido produzido ou não com culpa. Se não é possível confundir tutela inibitória com tutela ressarcitória é porque a tutela inibitória não é uma tutela contra o dano, não exigindo, portanto, os mesmos pressupostos da tutela ressarcitória.

A tutela inibitória, prevista no parágrafo único do artigo 497, CPC[189], foca em inibir a prática, reiteração ou continuidade de ameaças a direitos, o chamado "ilícito", além da sua remoção[190]. Ela se caracteriza como tutela diferenciada, vez que se destina à resolução de litígios envolvendo o direito material, não sendo o procedimento tradicional suficiente para promover tal proteção[191].

Por isso, a tutela preventiva exemplifica o porquê da necessidade de o processo ser visto como um meio adequado de promoção de direitos materiais específicos, independentemente da preferência pela tutela jurisdicional repressiva e da nova natureza de direitos.

O artigo 497, caput, do Código de Processo Civil, ao prever a tutela específica e a tutela pelo equivalente, reconheceu a necessidade de o processo se adequar às necessidades do direito material. É específica, pois, não visa a equivalência em dinheiro, mas, ao contrário, a proteção

[189] Art. 497. Na ação que tenha por objeto a prestação de fazer ou de não fazer, o juiz, se procedente o pedido, concederá a tutela específica ou determinará providências que assegurem a obtenção de tutela pelo resultado prático equivalente. Parágrafo único. Para a concessão da tutela específica destinada a inibir a prática, a reiteração ou a continuação de um ilícito, ou a sua remoção, é irrelevante a demonstração da ocorrência de dano ou da existência de culpa ou dolo. BRASIL. **Lei nº 13.105**, de 16 de março de 2015. Código de Processo Civil. Diário Oficial da União: 17 mar. 2015.

[190] LAURINO, Salvador Franco de Lima. **Tutela jurisdicional**: cumprimento dos deveres de fazer e não fazer. Rio de Janeiro: Elsevier, 2010. p. 83.

[191] MONTEIRO, Agnelo Limeira dos Milagres. **Tutela preventiva**: urgência e simetria. 134 f. Dissertação (Mestrado em direito). Universidade Católica de Pernambuco. 2010. p. 31.

do próprio bem específico, ou, como afirma Eduardo Talamini[192], porque busca o "exato resultado jurídico que se teria, se não houvesse a necessidade do processo, em todos aqueles casos em que esse resultado final não consista na mera satisfação de uma dívida pecuniária". A conservação do bem, assim, é o seu objetivo principal.

Ademais, os artigos 297[193] e 536[194] do CPC, também possibilitam a adoção de medidas necessárias e adequadas à efetivação da tutela provisória e do cumprimento de sentença que reconheça a exigibilidade de obrigação de fazer ou de não fazer, respectivamente.

Ainda que tais previsões representem fissuras no sistema processual tradicional, o processo brasileiro ainda se baseia no modelo liberal de tutela de direitos, tratando como exceção os procedimentos especiais e a tutela diferenciada[195]. Isso se evidencia, pois, ao menos em comparação ao procedimento comum, há poucas previsões relativas à tutela específica e ameaça a direitos, e apenas uma referente à tutela inibitória (artigo 497, parágrafo único).

A ação inibitória normalmente enseja um pronunciamento judicial de cognição exauriente, com análise aprofundada de fatos e provas. Porém, o resultado prático equivalente ao do adimplemento fornecido pelo magistrado de forma antecipada certamente garante maior efetividade ao adimplemento da ação, vez que atende o núcleo essencial do direito de forma específica[196]. A inibitória antecipada configura a verdadeira

[192] Talamini, Eduardo. **Tutela relativa aos direitos de fazer e de não fazer:** e sua extensão aos deveres de entrega de coisas (CPC, arts. 461 e 461-A, CDC, art. 84). 2 ed. São Paulo: Ed. RT, 2003. p. 229.

[193] Art. 297. O juiz poderá determinar as medidas que considerar adequadas para efetivação da tutela provisória. BRASIL. **Lei nº 13.105**, de 16 de março de 2015. Código de Processo Civil. Diário Oficial da União: 17 mar. 2015.

[194] Art. 536. No cumprimento de sentença que reconheça a exigibilidade de obrigação de fazer ou de não fazer, o juiz poderá, de ofício ou a requerimento, para a efetivação da tutela específica ou a obtenção de tutela pelo resultado prático equivalente, determinar as medidas necessárias à satisfação do exequente. BRASIL. **Lei nº 13.105**, de 16 de março de 2015. Código de Processo Civil. Diário Oficial da União: 17 mar. 2015.

[195] Filho, Luis Arlindo Feriani. **Efetividade da tutela preventiva**. 304 f. Tese (Doutorado em Direito). Pontifícia Universidade Católica de São Paulo. 2016. p. 265.

[196] Ruiz, Ivan Aparecido, Machado, Isadora Vier. Tutelas de urgência e preventivas:

natureza da tutela preventiva[197], pois, freia o ilícito de forma eficaz e imediata. Evita-se, por consequência, a ocorrência de danos. Neste caso, o magistrado exerce uma cognição sumária, se restringindo à análise dos requisitos de concessão da tutela provisória.

Outro ponto que aumenta a eficiência da tutela inibitória diz respeito à dispensa de comprovação de culpa, "elemento subjetivo de quem age violando o direito e é relevante apenas para fins de responsabilidade civil"[198]. Tendo em vista que o objetivo da tutela inibitória é impedir a ocorrência de dano futuro através da atuação preventiva contra ilícitos, não há sentido em se exigir a comprovação de fatos que ainda não ocorreram.

A eficácia da prevenção na inibitória também decorre da sua natureza mandamental, pois, é autoaplicável, ou seja, dispensa a fase de execução. A obrigação de o magistrado fornecer a tutela específica ou o resultado prático equivalente ao adimplemento supre a necessidade de posterior execução, o que garante maior celeridade e eficiência processuais.

Por si só, dificilmente um pronunciamento judicial é capaz de coagir alguém. Por isso, é preciso a existência de mecanismos para a realização da decisão. Neste sentido, a tutela inibitória, de natureza mandamental, deve ser acompanhada de meios coercitivos, conforme afirma Eduardo Talamini[199]:

> O provimento mandamental normalmente será acompanhado da ameaça de imposição de alguma outra medida processual coercitiva (multa, prisão civil etc.), além daquelas primordialmente postas como mecanismos de censura à desobediência (sanções penais, administrativas...). Quando isso ocorre, a

aplicabilidade em casos de assédio moral. **Revista Jurídica Cesumar**. v. 6, n. 1, p. 515-539, 2006.

[197] MARINONI, Luiz Guilherme. **Tutela inibitória**: individual e coletiva. 5. ed. rev. São Paulo: Thomson Reuters Brasil, 2019b. p. 29.

[198] ALVES, André Zamenhof de Macedo. A tutela preventiva dos artigos 461 e 461-A do Código de Processo Civil. **Revista Interface**. Natal/RN v.2. n.1. Págs. 125-140. Jan./Jun. 2005.

[199] TALAMINI, Eduardo. **Tutela relativa aos direitos de fazer e de não fazer:** e sua extensão aos deveres de entrega de coisas (CPC, arts. 461 e 461-A, CDC, art. 84). 2 ed. São Paulo: Ed. RT, 2003. p. 191.

medida processual de coerção, além de funcionar como técnica de indução da conduta do destinatário, presta-se a chancelar a autoridade estatal do ato que a veicula.

A dinâmica intrínseca do pronunciamento mandamental é interessante, pois, coage o destinatário a cumprir a determinação judicial. Assim, a decisão atua sobre a vontade do indivíduo[200], a fim de que este deixe de fazer algo, sob pena, por exemplo, de multa diária.

Em relação ao combate contra o ilícito, a tutela preventiva possui infinitas vantagens à repressiva. Porém, se a intenção for apenas de reparar os danos causados, em uma perspectiva de indenizar o mal do passado, a tutela ressarcitória se mostra mais conveniente. Isto se dá, incialmente, pois, cada instituto possui a sua finalidade, não significando, necessariamente, que uma ou outra opção é genericamente superior ou inferior, mas, apenas, que cada uma é mais indicada para determinada situação.

Isso revela que a previsão constitucional de reparação civil já não é mais suficiente para tutelar determinados direitos, embora a jurisprudência pátria insista na indenização pós-danos. O entendimento decorrente de tais considerações revela uma melhor adequação da tutela preventiva em situações que envolvam, por exemplo, direitos extrapatrimoniais e personalíssimos, vez que a preservação do direito é mais valiosa do que o pagamento da sua violação.

Segundo Gonçalves e Martin[201]:

> (...) pode-se afirmar que o procedimento afeito à tutela inibitória, por utilizar-se de técnicas que têm o escopo de prevenir a ocorrência do dano, torna-se de extrema importância no resguardo dos direitos da personalidade, não por guardarem elas conformidade com determinações constitucionais, mas por serem um dos instrumentos processuais mais palpáveis à tutela dos direi-

[200] Ruiz, Ivan Aparecido, Machado, Isadora Vier. Tutelas de urgência e preventivas: aplicabilidade em casos de assédio moral. **Revista Jurídica Cesumar**. v. 6, n. 1, p. 515-539, 2006.

[201] Gonçalves, Ana Catarina Piffer; Martin, Andreia Garcia. Os direitos à intimidade e à privacidade sob a perspectiva processual: a tutela inibitória dos direitos de personalidade. **Revista Jurídica Cesumar**. Maringá. v.12, n.1, p. 205-235. Jan/jun. 2012.

tos e seus resultados serem visíveis mundo fático, configurando-se como o mais lídimo mecanismo de acesso e realização da Justiça.

O fornecimento da tutela específica de direitos não pode mais ser ignorada em nome da tutela pelo equivalente, vez que a substituição de um dano sem expressão econômica por uma indenização pecuniária é totalmente incoerente e incompatível com o sistema constitucional de proteção de direitos, ao menos em uma perspectiva de eficácia da prestação jurisdicional.

Neste contexto, os direitos personalíssimos são exemplos claros de como a rigidez da tutela repressiva pode prejudicar a efetividade jurisdicional. Isto, pois, inexistem neles valor patrimonial, o que inutiliza a indenização pecuniária, evidenciando que a tutela específica de tais direitos é mais adequada.

Os direitos da imagem, vida privada, honra e imagem, por exemplo, foram previstos como invioláveis justamente pelo fato de que a Constituição reconhece o seu valor enquanto íntegros, sendo a sua conservação mais útil aos indivíduos do que a compensação financeira em decorrência de violações.

Nestes casos, a prevenção de ilícitos conserva o núcleo de proteção pretendido pela Constituição, sem, contudo, prejudicar o direito de indenização caso ocorra danos efetivos. Ou seja, caso a atuação preventiva não consiga atender as suas finalidades, a reparação civil pelo equivalente pode ser utilizada normalmente, o que permite a conclusão de que o exercício da tutela preventiva não exclui a da ressarcitória, mas evidencia uma proteção mais completa a direitos.

Embora seja óbvia a possibilidade de se tutelar o direito da privacidade de forma preventiva, seu exercício é excepcional, se exigindo do caso concreto circunstâncias que evidenciem a estrita necessidade e adequação. É excepcional pois, exige a redução de outros direitos, devendo o magistrado sopesar qual deve prevalecer com o menor custo possível, de forma a harmonizá-los[202].

[202] Bovino, Marcio Lamonica. **A ação inibitória enquanto tutela diferenciada autônoma.** 246 f. Tese (Doutorado em Direito). Pontifícia Universidade Católica de São Paulo. 2016. p. 191.

Quando o direito de privacidade esbarra com o direito de imprensa, os limites de cada um são estabelecidos pelo caso concreto. Por isso, genericamente, ambos possuem chances iguais de prevalecer, uma vez que não existe hierarquia entre direitos fundamentais.

Porém, neste caso, existe uma chance considerável de se configurar censura judicial, o que torna esta uma das maiores controvérsias existentes na tutela preventiva da privacidade contra a imprensa.

O resultado do julgamento da ADPF nº 130 sedimentou a cultura de repressão a danos, ao menos quando envolver o direito de imprensa, de forma a obstar o avanço da tutela preventiva nesta hipótese. O entendimento exposto pelo relator de que a notícia abusiva só poderia ser combatida através de mecanismos civis e penais pós-danos torna absoluta a liberdade comunicativa, pois, independentemente do direito contraposto, ela prevalecerá no caso concreto quando se pleitear uma tutela preventiva.

Esta posição não é a mais adequada, uma vez que permite a violação de outros direitos igualmente importantes a pretexto de se evitar a censura. A Constituição Federal e o Código Civil, por exemplo, não trouxeram a possibilidade de se cessar ameaça a direitos de forma inútil. Ao contrário, o sistema deve ser harmônico e equilibrado, a fim de que tanto o direito de imprensa quanto os direitos de privacidade possam coexistir.

Preocupa-se demais com a opressão judicial à imprensa, mas se esquece que tal medida é excepcional, só ocorrendo em situações ilícitas que possam causar danos a outrem. Se esquece, também, que a imprensa, enquanto meio fornecedor de informações, possui deveres, uma vez que se submete, por exemplo, à verdade e ao respeito aos outros direitos fundamentais.

Como se sabe, a imprensa possui um papel essencial para a manutenção da democracia. Segundo Rosângela Chaves[203]:

> Além de ser um instrumento essencial para a emergência da expressão plural dos cidadãos envolvidos no debate, na direção e no controle da vida pública, a imprensa também representa uma salvaguarda para o indivíduo diante

[203] CHAVES, Rosângela. Alexis de Tocqueville e a Defesa de uma Imprensa Livre e não Monopolista. **Panorama**. Goiânia, v. 11, n. 1, p. 40-45, jan/jun. 2021.

da opressão exercida tanto pela mentalidade dominante da maioria quanto pelos abusos de uma minoria que se apodera do Estado e governa a massa.

Assim, a preocupação do jornalista em divulgar notícias que não sejam ofensivas ou tendenciosas, além de serem verídicas e sem erros ou equívocos[204], deve ser constante, a fim de se promover uma informação com responsabilidade. Afinal, a posição de privilégio que a imprensa ocupa em nosso país não justifica a existência de abusos, tampouco confere a ela um alcance ilimitado.

Isso significa que a afronta aos limites constitucionais, além de gerar danos, pode sujeitar o infrator à responsabilização civil e até penal, o que não se confunde com censura. Pode-se afirmar que:

> Das inúmeras situações de abuso cometido na operacionalização dos sistemas de mídia, que poderiam ser descritas, pode-se citar aquelas promovidas pela imprensa sensacionalista, que banalizam a violência e coisificam a dignidade humana[205].

Atualmente, parte da mídia se mostra como um espetáculo ambulante, a fim de ganhar audiência através de entretenimento[206]. Para isso, violam direitos personalíssimos, como a honra e imagem, através da sua maculação perante a opinião pública[207], expondo, principalmente, envolvidos com a suposta prática de crimes. Como afirma Itaguaci José Meirelles Corrêa[208]:

204 Sampaio, Grace Kelly. Liberdade de Imprensa e Intangibilidade Moral do Indivíduo. **Revista ESMAT**. V. 1, n. 1, p. 191-204, nov. 2009.

205 Samways, Joel. Crítica aos Abusos da Mídia. **UNOPAR Científica, Ciênc. Hum. Educ**. Londrina, v. 3, n. 1, p. 25-27, jun. 2002.

206 Chaves, Rosângela. Alexis de Tocqueville e a Defesa de uma Imprensa Livre e não Monopolista. **Panorama**. Goiânia, v. 11, n. 1, p. 40-45, jan/jun. 2021.

207 Fabrício, Paulo Eduardo Magnani, Oliveira, Bruno Queiroz. A Perspectiva atual da Liberdade de Imprensa no Brasil. **Revista Opinião Jurídica**. V. 5, n. 9, p. 213-228, 2007.

208 Corrêa, Itaguaci José Meirelles. **A Liberdade de Imprensa e sua Relação com a Constituição Brasileira de 1988**. 121 f. Dissertação (Mestrado em Direito) – Universidade Federal de Santa Catarina. Florianópolis, 2001. p. 39.

> Tratando-se da liberdade da imprensa, esta deve ter o cuidado redobrado ao disseminar qualquer informação lesiva à honra e à imagem de quem que quer que seja, pois, quanto aos meios de comunicação de massa, o alcance da informação é inimaginável tomando proporções gigantescas, cuja intensidade do dano, muitas vezes, é insuscetível de reparação. O problema da imprensa é que os fatos são veiculados de forma a causar grande impacto e comoção e quando há o ataque pessoal e indiscriminado a alguém, nem sempre a correção do ato e o pagamento de uma Indenização produz o efeito de recuperar a imagem ou a honra atingidas pela equivocada divulgação, justamente porque a propagação do fato pela mídia, atinge um número indeterminado de pessoas.

Como consequência de tais abusos, a indenização civil é imposta como forma de reparar os danos causados. O valor indenizatório da repressão aos danos, porém, pode ser insuficiente para curar as marcas deixadas pela exposição.

Sobre o assunto, merece destaque o caso da "Fake News" envolvendo a escola base, marco histórico e trágico de como a imprensa pode ser danosa aos indivíduos.

Em março de 1994, em São Paulo, os donos da "Escola de Educação Infantil Base", Icushiro Shimada e Maria Aparecida Shimada, e a professora Paula Milhim Alvarenga e seu esposo, Maurício Monteiro Alvarenga (motorista da Kombi que levava as crianças para a escola), foram acusados de abusar sexualmente de alunos de quatro anos no apartamento de Saulo Nunes e Mara Nunes, pais de um dos alunos. Ademais, havia denúncia de que os quatro primeiros levavam as crianças para serem filmadas e fotografadas em motéis[209].

A ocorrência foi feita por duas mães, as quais alegaram mudança de comportamento dos filhos, o que as levou a denunciar à polícia sobre a ocorrência de orgias entre os funcionários e as crianças.

Uma das crianças foi encaminhada ao Instituto Médico Legal, pois, apresentava ferimentos na região genital. O resultado do laudo foi incon-

[209] Disponível em: <https://www.uol.com.br/splash/noticias/2022/11/11/escola-base-como-noticia-falsa-de-pedofilia-mudou-a-vida-de-jornalista.htm>. Acesso em: 16 fev. 2023.

clusivo sobre eventual abuso, embora tenha indicado a prisão de ventre como uma das prováveis causas, atestada, inclusive, pela própria mãe posteriormente. Um segundo laudo foi realizado e constatou a inexistência de qualquer abuso. Ademais, nada foi encontrado na busca e apreensão realizada nos lugares onde as supostas práticas ocorriam.

A irresignação das mães as fez procurar também os meios de comunicação para denunciar o caso. Evidentemente, a situação chamou atenção da mídia, a qual passou a divulgar notícias questionáveis, pois, não continham qualquer verdade ou comprovação, além de serem sensacionalistas e tendenciosas.

Para se ter ideia, foi divulgada a seguinte manchete: "Kombi era motel na escolinha do sexo" [210]. O teor da notícia evidencia o poder de manipulação da mídia, cujo sensacionalismo induziu a população sobre algo que não tinha comprovação.

A partir deste momento, iniciou-se uma histeria coletiva, com perseguição e retaliação constantes aos envolvidos, além de ameaças e apedrejamento da escola. O caso poderia ser facilmente freado, mas a mídia e a polícia o agravou. Os acusados sequer foram ouvidos, o que intensifica a situação, vez que o direito de resposta e o contraditório garantiriam a busca pela verdade e reduziria os danos causados.

Os donos da escola chegaram a ser presos, assim como o fotógrafo americano Richard Herrod Pedicini, preso preventivamente por venda de fotos das supostas crianças molestadas (informação obtida a partir de uma denúncia anônima). A prisão ocorreu, pois, uma criança, levada ao apartamento do fotógrafo para reconhecimento, quis brincar com uma abelha de pelúcia, o que gerou suspeitas de afinidade entre a criança e o brinquedo. Sobre o assunto, foram divulgadas notícias como "Alunos da Escola Base reconhecem a casa do americano"[211].

Com o passar do tempo, evidentemente, surgiram provas da inocência dos "condenados extrajudiciais". Como dito, o segundo laudo médico apontou a inexistência de abuso, e o primeiro indicou a consti-

[210] Disponível em: <https://aventurasnahistoria.uol.com.br/noticias/reportagem/historia--o-que-foi-o-caso-escola-base-fake-news.phtml>. Acesso em 16 fev. 2023.

[211] Disponível em: <https://aventurasnahistoria.uol.com.br/noticias/reportagem/historia--o-que-foi-o-caso-escola-base-fake-news.phtml>. Acesso em 16 fev. 2023.

pação intestinal de uma das crianças como possível geradora das marcas apresentadas, fato confirmado posteriormente pela mãe. Curiosamente, somente após o surgimento de provas de inocência é que os outros pais e funcionários da escola saíram em defesa dos acusados.

Três meses após o início do pesadelo, o caso foi arquivado ainda em sede da delegacia, o que não foi suficiente, entretanto, para curar o terror sofrido. A mídia foi acusada de não retratar a verdade, noticiando, apenas, ao final, que o caso foi arquivado por ausência de provas, mas não manifestaram sobre a inocência dos acusados.

Embora tenham sido ajuizadas as medidas judiciais cabíveis, como ações indenizatórias contra o Estado e a mídia, Maria e Icushiro faleceram sem receber quaisquer valores. Ela em 2007, de câncer, e ele, em 2014, de infarto. Paula nunca mais conseguiu emprego como professora, pois, ficou marcada como "abusadora de crianças" e, em decorrência do caso, acabou se divorciando de seu marido Maurício, afetado psicologicamente de forma severa. Saulo e Mara também passaram por problemas financeiros, e o fotógrafo Richard, passou anos angariando recursos para provar a sua inocência.

A crise financeira gerada aos envolvidos foi considerável, vez que todos perderam seus sustentos. Por óbvio, a escola foi fechada, e os antigos donos deixaram de auferir renda do único negócio que possuíam. Ademais, os gastos com advogados também foram consideráveis, vez que foi preciso enfrentar uma luta judicial muito grande e desgastante, a qual se desdobrou por anos.

É possível indicar que os danos psicológicos suportados pelos injustiçados foram os mais graves. Sentimentos como fúria, ódio, frustração e medo estiveram presentes na mente dos acusados enquanto eram obrigados a se visualizar como pedófilos. A consciência de que a sociedade os veriam como criminosos gera impactos catastróficos a qualquer indivíduo, ainda mais quando o desprezo e o isolamento são constantes.

Quadros de depressão, ansiedade, crise de pânico, mania de perseguição, comportamentos antissociais e de autoisolamento são comuns de se observar nestes casos, além do fato de que os danos gerados repercutem em todos os relacionamentos dos envolvidos, por conta do próprio ofendido ou das outras pessoas, que se distanciam.

O filho do casal Shimada, Ricardo, em entrevista ao Terra[212], informou que o primeiro efeito gerado ao seu pai pela exposição foi um derrame no olho. A sua mãe teve depressão e tentou suicídio duas vezes. O trauma foi tão grande que, segundo Ricardo, ela sequer conseguia escutar as chamadas da rede globo, além de não sair de casa por mais de um ano por medo de ser reconhecida.

As sequelas do caso derivaram do uso abusivo do direito de imprensa, a qual não só acusou, mas condenou os envolvidos de forma totalmente injusta e desproporcional. A reprovação dos indivíduos frente à opinião pública, por óbvio, configurou violações à honra, imagem, intimidade e privacidade. A condenação ocorreu sem a participação do poder judiciário, sem o direito de defesa e de resposta.

Ocorre que foram movidas ações judiciais buscando a indenização pelos danos sofridos contra várias emissoras. A Rede Globo, por exemplo, foi condenada a indenizar Icushiro, Maria e Maurício em R$ 450.000,00 cada[213]. Porém, questiona-se a utilidade da quantia, vez que as vítimas já faleceram e, ainda que estivessem vivas, devido ao gigantesco mal provocado, não conseguiriam manter uma vida tida como "normal".

O dinheiro não é capaz de reconstruir a situação anterior, em que os direitos das vítimas estavam intactos. O dinheiro também não é capaz de restaurar a aflição sofrida, as ameaças suportadas, o ódio carregado diariamente em decorrência da injustiça. A comprovação da inocência, neste caso, era a única solução para a tortura sofrida à época.

Por isso, caso uma vítima fosse posta a escolher entre um milhão de reais ou a sua vida de volta, certamente ficaria com a segunda opção. Isto denota que a compensação pecuniária nem sempre é compatível com as violações de direitos sofridas, se mostrando, em verdade, como última solução, sabendo que ou a parte busca dinheiro, ou fica sem nada.

A morte antes da resolução do conflito é uma prova trágica de que o sistema judiciário pode ser falho, pois, a vida é o bem jurídico mais

[212] Disponível em: <https://spdiario.com.br/noticias/policia/caso-escola-base-entenda-como-uma-noticia-falsa-de-pedofilia-foi-capaz-de-destruir-vidas.html>. Acesso em: 16 fev. 2023.

[213] Disponível em: <https://www.pragmatismopolitico.com.br/2012/12/caso-escola-base-rede-globo-e-condenada-pagar-r-135-milhao.html>. Acesso em: 16 fev. 2023.

importante. Após o falecimento da vítima injustiçada, de nada adianta receber uma indenização civil, a qual beneficia, com sorte, os descendentes, caso tenha.

A frase de Ruy Barbosa merece uma nova citação: "justiça atrasada não é justiça, senão injustiça qualificada e manifesta"[214].

Isto, pois, ainda há a situações em que a vítima falece não após, mas sim no próprio curso dos fatos, como é o caso trágico envolvendo o linchamento de Fabiane Maria de Jesus[215], de 33 anos, espancada até a morte em 2014 em São Paulo. Circulou na plataforma "Facebook", à época, a divulgação de "Fake News" no sentido de que Fabiane seria suposta sequestradora de crianças para rituais de magia negra. Dezenas de pessoas a amarraram e a agrediram, o que causou a sua morte em decorrência da violência dois dias depois. Quatro pessoas foram presas pelo crime. As duas filhas de Fabiane ainda fazem tratamento psicológico para lidar com a perda, enquanto lutam para obter uma indenização da rede digital.

Assim como o caso da escola base, o linchamento de Fabiane se tratou de uma mentira imputada a alguém. Embora este caso não se trate, propriamente, de abuso do direito de imprensa, é perceptível que as consequências geradas por uma notícia falsa, em violação à privacidade, podem colocar a vítima em risco de vida.

Ademais, ambos os casos possuem características semelhantes: a divulgação da notícia ocorreu sem conferência da verdade; não foi dado o direito de defesa; a dignidade das vítimas foi destruída, ao passo que as ofensas à honra e imagem foram tão distorcidas que colocaram em risco as suas vidas, gerando o óbito direto no segundo caso; o peso da perda acompanha os parentes de ambas as vítimas até os dias de hoje; e parentes lutando na justiça por uma indenização insignificante.

O referido caso é prova de que as consequências das "Fake News" podem ser tão severas a ponto de gerar morte, seja direta ou indiretamente. Com isso, questiona-se: qual a utilidade de uma indenização

[214] BARBOSA, Ruy, 1849-1923. **Oração aos moços**. Brasília: Senado Federal, Conselho Editorial, 2019. p. 58.

[215] Disponível em: <https://g1.globo.com/sp/santos-regiao/noticia/2014/05/mulher-espancada-apos-boatos-em-rede-social-morre-em-guaruja-sp.html>. Acesso em: 17 fev. 2023.

pecuniária? Qual valor indenizatório seria razoável para minimizar o sofrimento e aflição suportados diariamente? Não seria melhor evitar que todo esse "show de horrores"?

As duas situações apresentadas, embora extremas, ilustram de forma totalmente cabal e plausível que o abuso do direito de imprensa pode ser extremamente fatal, principalmente quando envolver direitos de personalidade. A tutela preventiva, dessa forma, se mostra como um instrumento eficaz de defesa dos direitos da personalidade, vez que a tutela reparatória não fornece a proteção específica de direitos, mas, apenas, promove uma equivalência pecuniária ao direito violado, na tentativa de amenizar minimamente a dor suportada.

O manejo da ação inibitória quando o exercício da liberdade de imprensa é capaz de promover danos irreparáveis não configura censura, e é uma garantia de que os direitos não serão violados, pois, o ato ilícito será inibido. O mantimento da privacidade a partir da referida ação ocorre, pois, a mantém intacta, permitindo a sua fruição em consonância com o mínimo necessário para o desenvolvimento de uma vida digna[216].

Para exemplificar o afirmado, basta imaginar a existência de pedido de tutela inibitória à época dos fatos: após a primeira publicação sobre os atos de pedofilia da escola base, através de uma ação inibitória, a mídia poderia ser compelida a se inibir de postar novas notícias sobre o assunto, ao menos sem garantir o direito de resposta e diligenciar pela verdade. A proibição também poderia envolver a interrupção de veiculação constante (continuação) ou o impedimento de nova publicação (repetição), além da remoção dos seus efeitos concretos.

Da mesma forma, no caso do linchamento de Fabiane, o "Facebook" poderia ser obrigado a inibir a divulgação da "Fake News", além de retirar todas as publicações e divulgar ostensivamente que se tratava de notícia falsa.

Com isso, a escola continuaria a existir e os sócios e funcionários não seriam traumatizados pela exposição, possuindo, certamente, uma vida com maior qualidade, seja por questões financeiras, seja por terem sua

216 Bedin, Gabriel de Lima. Tutela inibitória e a defesa do direito à intimidade e à vida privada: em busca da concretização dos direitos fundamentais. **Revista Direito em Debate**. Págs. 190-215. Ano XXI, nº 37, jan.-jun. 2012.

imagem e honra preservadas. A preservação destes direitos também manteria a vida de Fabiane, bem mais valioso que o ser humano possui, além de evitar os traumas causados pela perda aos seus familiares.

Dessa forma, a tutela inibitória seria plenamente cabível nos casos para preservar os direitos da honra, imagem, privacidade e intimidade das vítimas e, no segundo caso, a vida, de forma que o combate ao ilícito, de forma preventiva, impediria a ocorrência dos danos[217]. Não é razoável impedir a tutela preventiva do direito de privacidade em face da imprensa por questões de censura.

É preciso relembrar, entretanto, que as situações postas são extremamente excepcionais, e a ação inibitória contra a liberdade de imprensa é igualmente excepcional. O direito de imprensa, como regra, possui um alcance bem amplo, vez que carrega um interesse público no seu exercício, o que contribui para um Estado Democrático de Direito saudável, em que há a livre circulação de informações.

O operador do direito, assim, encontra desafios diários no manejo da ação inibitória, principalmente no conflito entre os direitos estudados neste trabalho. Avaliando o cenário de forma geral, é extremamente difícil de se identificar previamente uma situação que pode gerar danos severos.

Por isso, é preciso o estabelecimento de critérios objetivos mínimos a serem observados, na tentativa de facilitar a análise do conflito entre a privacidade e o direito de imprensa, de forma que os limites sejam facilmente estabelecidos no caso concreto e, consequentemente, se for o caso, permitindo o combate ao ilícito publicitário através da tutela inibitória.

Mas antes, se mostra como necessário o estudo da tutela inibitória enquanto instrumento de combate ao ilícito, o que evidencia a essencialidade do entendimento das suas peculiaridades e permite um manuseio mais eficaz na proteção de direitos.

[217] RSTON, Sérgio Martins. Dano à imagem e as tutelas inibitória e ressarcitória. **Revista do Instituto dos Advogados de São Paulo**. v. 14. São Paulo, p. 91-105, Jul./Dez. 2004.

3.
DA TUTELA INIBITÓRIA

3.1 Considerações iniciais

Essencialmente, a tutela preventiva objetiva impedir a violação de direitos. Após a sua ocorrência, entretanto, não resta alternativa senão reparar o mal causado, ocorrendo a chamada tutela ressarcitória.

Porém, é certo que a violação a determinados direitos é tão danosa que uma reparação pecuniária se mostra insubsistente, porque, dificilmente repara de forma efetiva o dano causado, ou seja, não é apta à restauração "in natura" do direito.

Destaca-se que há uma tímida prática nos tribunais brasileiros no sentido de impor uma reparação alternativa, não necessariamente pecuniária, na tentativa de, por exemplo, reparar o dano moral, como a imposição de retratação pública[218]. Porém, este tipo de tutela, chamada de restauratória[219], também visa a reparação dos danos causados, em um viés repressivo, cuja tentativa consiste em reestabelecer o "status quo ante" do direito violado.

Ainda assim, essas prestações alternativas ainda se mostram insuficientes em reparar integralmente o dano causado, o que sugere que, para tal finalidade, a prevenção ao ilícito deveria ser a regra em nosso ordenamento, pois, conserva o direito em seu estado natural, permanecendo inviolado.

[218] Bertoncello, Franciellen, Barreto, Wanderlei de Paula. Tutela civil da personalidade. **Revista Jurídica Cesumar**. V. 7, n. 2, p. 607-623, jul./dez. 2007.
[219] Hibner, Davi Amaral. **As tutelas dos direitos da personalidade no Código de Processo Civil**. 344 f. Dissertação (Mestrado em Direito) – Universidade Federal do Espírito Santo. Vitória, 2019. p. 145.

Embora o Poder Judiciário tenha uma dificuldade prática de atuar preventivamente, o Código de Processo Civil – CPC, no parágrafo único do artigo 497, previu a tutela inibitória e de remoção contra o ilícito. Aldo Aranha de Castro[220] afirma o seguinte:

> A tutela inibitória é requerida através de ação inibitória, constituindo assim, uma ação de cognição exauriente. Nada impede que essa tutela seja concedida antecipadamente, no curso da ação, como tutela antecipada, até mesmo porque, em diversos casos, somente a inibitória antecipada poderá corresponder ao que se espera dela, isto é, como tutela realmente efetiva para a prevenção. Dessa ação, será proferida uma decisão ou sentença com o intuito de impedir a prática, repetição ou continuação do ilícito.

A inibição engloba a prática, repetição ou continuação de um ilícito, bem como a sua remoção. Para isso, é desnecessária a demonstração do dano ou de culpa (lato senso)[221]. Neste contexto, a tutela jurisdicional combaterá o ilícito, e não o dano, e a inibição ocorre na seara abstrata, e não concreta.

Ademais, a lei bifurca a tutela inibitória: a tutela inibitória propriamente dita, visando impedir a prática, reiteração ou continuação de ilícito, e a tutela de remoção dos efeitos concretos do ilícito. Porém, de acordo com Luiz Guilherme Marinoni[222], a lei não só diferencia a tutela inibitória da de remoção dos efeitos concretos do ilícito:

220 Castro, Aldo Aranha de. Tutela Inibitória Positiva e Negativa do Ilícito e do Dano. **Publica e direito**. Disponível em: <http://www.publicadireito.com.br/artigos/?cod=0f96613235062963> Acesso em: 27 de fev. de 2023.

221 Art. 497. Na ação que tenha por objeto a prestação de fazer ou de não fazer, o juiz, se procedente o pedido, concederá a tutela específica ou determinará providências que assegurem a obtenção de tutela pelo resultado prático equivalente. Parágrafo único. Para a concessão da tutela específica destinada a inibir a prática, a reiteração ou a continuação de um ilícito, ou a sua remoção, é irrelevante a demonstração da ocorrência de dano ou da existência de culpa ou dolo. BRASIL. **Lei nº 13.105**, de 16 de março de 2015. Código de Processo Civil. Diário Oficial da União: 17 mar. 2015.

222 Marinoni, Luiz Guilherme. **Tutela Inibitória e Tutela de Remoção do Ilícito**. 7 ed. rev., atual. São Paulo: Thomson Reuters Brasil, 2019a. p. 16.

Mais do que isso, a norma afirma a dissociação entre ato contrário ao direito e fato danoso, deixando claro que tais tutelas não têm como pressuposto o dano e os critérios para a imputação da sanção ressarcitória, ou seja, a culpa e o dolo. Tais elementos não podem ser invocados e discutidos na ação em que se pede tutela contra o ilícito.

Didier Jr., Braga e Oliveira[223] definem a tutela inibitória como "aquela que tem por fim evitar a ocorrência de um ato contrário ao direito ou impedir sua continuação".

O termo "inibir a prática" é empregado no sentido de evitar que o provável ato ilícito seja praticado. A inibição da "reiteração" busca impedir a nova ocorrência do ilícito. Já a inibição da "continuação" visa interromper o ilícito que ocorre de forma contínua.

Neste ponto, importa diferenciar o ato ilícito que ocorre continuamente do ato ilícito único que gera efeitos contínuos[224]. No primeiro, a tutela inibitória é cabível, pois, se busca interromper o ato ilícito (em si) que vem sendo praticado. No segundo, entretanto, não há como inibir o ato ilícito que já foi praticado, somente sendo possível impedir o prosseguimento dos seus efeitos[225]. Este é o caso da tutela de remoção, pois, visa remover não o ato em si, mas seus efeitos concretos.

A tutela inibitória atua para o futuro, com nítido viés preventivo[226]. Por isso, ainda que o ilícito já tenha ocorrido, caso haja o risco de se repetir, ou ainda, caso o ato ainda esteja ocorrendo, a tutela inibitória não perde sua utilidade, pois, visa impedir a prática, reiteração ou continuação do ilícito.

[223] DIDIER JR., Fredie, BRAGA, Paula Sarno, e OLIVEIRA, Rafael Alexandria. **Curso de direito processual civil**: teoria da prova, direito probatório, ações probatórias, decisão, precedente, coisa julgada e antecipação dos efeitos da tutela. 10 ed. Salvador: Ed. Jus Podivm, 2015. p. 598.

[224] MARINONI, Luiz Guilherme. **Tutela Inibitória e Tutela de Remoção do Ilícito**. 7 ed. rev., atual. São Paulo: Thomson Reuters Brasil, 2019a. p. 225.

[225] MARINONI, Luiz Guilherme. **Tutela Inibitória e Tutela de Remoção do Ilícito**. 7 ed. rev., atual. São Paulo: Thomson Reuters Brasil, 2019a. p. 225.

[226] SOARES, Marcelo, MARTINS, Raphael, SCHIMIDT, Silvia. Tutela provisórias: meio de efetividade dos direitos fundamentais e da personalidade. **Argumenta Journal Law**, Jacarezinho – PR, Brasil, n. 35, 2021, p. 141-171.

Segundo Marinoni[227], a prova do ilícito não pode ser pensada como "meio de reconstrução de um fato já ocorrido", e não se requer a demonstração da probabilidade de dano, mas sim de ilícito. Seu fundamento é a proteção contra a violação da norma, ou seja, "o direito à tutela contra o ato contrário ao direito, ou ainda, o direito à tutela que faça valer a norma de direito"[228].

A atuação preventiva do judiciário ganha destaque com tais institutos, pois, a violação à norma antecede à ocorrência de danos. Além disso, a ocorrência de situações em que há violação à lei sem que ocorram danos restringiria o judiciário a uma atuação repressiva, impondo indenizações de caráter ressarcitório, o que afronta a efetividade da proteção de direitos.

Assim, a tutela inibitória e de remoção devem ser utilizadas para prevenir a ocorrência de ilícitos, pois, caso contrário, principalmente quando se tratar de direitos imateriais, o condicionamento do Judiciário a uma atuação repressiva seria o mesmo que permitir a precificação da violação destes direitos, através do ressarcimento (pecúnia), de pouca efetividade.

As referidas tutelas também são formas de dar efetividade ao processo, protegendo direitos substanciais. Para isso, deve o juiz se valer da cláusula geral executiva (art. 536, CPC), ou seja, a possibilidade de o magistrado se valer de meios executivos atípicos, de forma fundamentada, para alcançar a justiça do caso concreto e dar a efetividade necessária ao processo.

Neste sentido, Marinoni[229] afirma que:

> As tutelas inibitória e de remoção são subordinadas a uma "cláusula geral executiva" (art. 536 do CPC/2015), ou seja, a uma cláusula que confere ao autor e ao juiz o poder de utilizar a "medida executiva necessária" às necessidades de tutela do direito material e do caso concreto. Isso requer uma nova

227 Marinoni, Luiz Guilherme. **Tutela Inibitória e Tutela de Remoção do Ilícito**. 7 ed. rev., atual. São Paulo: Thomson Reuters Brasil, 2019a. p. 177.

228 Marinoni, Luiz Guilherme. **Tutela Inibitória e Tutela de Remoção do Ilícito**. 7 ed. rev., atual. São Paulo: Thomson Reuters Brasil, 2019a. p. 60.

229 Marinoni, Luiz Guilherme. **Tutela Inibitória e Tutela de Remoção do Ilícito**. 7 ed. rev., atual. São Paulo: Thomson Reuters Brasil, 2019a. p. 17.

metodologia de análise da execução da tutela jurisdicional, ligada à "justiça do caso concreto" e a uma complexa e sofisticada forma de controle do Poder Executivo, que se relaciona com a regra do "meio necessário" e com a ideia de justificativa analítica, presente no art. 489, § 1º, do NCPC.

Daí porque se falar em formas de se buscar um resultado útil ao processo, através, por exemplo, das medidas executivas atípicas. Para isso, o magistrado pode se valer dos meios que considerar adequados e necessários para impor o cumprimento da sua determinação, ainda que não estejam expressamente previstos em lei[230].

É possível a utilização, por exemplo, de astreintes, prisão civil (em caso de dívida alimentícia), advertência de que o descumprimento pode configurar crime de desobediência, representação administrativa, além do "bloqueio de bens móveis, imóveis, de direitos e de ativos financeiros, restrição de direitos, prolação de decisões substitutivas da declaração de vontade, etc."[231].

Ademais, vem crescendo a consciência por parte do Judiciário de que a formalidade para a efetivação da execução dificulta o fornecimento de uma tutela jurisdicional efetiva. Nestes termos, o STF, a partir do julgamento da ADI nº 5.941[232], validou a possibilidade de apreensão de carteira de habilitação e de passaporte de devedores em sede de execução, aprovando a seguinte tese:

> Medidas atípicas previstas no Código de Processo Civil conducentes à efetivação dos julgados são constitucionais, respeitados os artigos 1º, 8º e 805 do ordenamento processual e os direitos fundamentais da pessoa humana

230 Nery, Gabriele Caldas. A atipicidade das medidas executivas no código de processo civil e o equilíbrio com os direitos fundamentais. **Revista de Iniciação Científica e Extensão**. Págs. 283-304. v.4, n.1, jun. 2019.

231 Gajardoni, Fernando da Fonseca. **O modelo presidencial cooperativista e os poderes e deveres do juiz do novo CPC**. In: O novo Código de Processo Civil. Questões controvertidas. Vários autores. São Paulo: Atlas, 2015. p. 142.

232 Disponível em: <https://www.conjur.com.br/2023-fev-09/plenario-supremo-valida-apreensao-cnh-passaporte-divida>. Acesso em: 17 fev. 2023.

Isso significa que é possível a utilização de quaisquer meios executivos para tentar compelir o devedor a pagar a dívida, desde que respeitado o ordenamento constitucional, os fins sociais da medida, a dignidade da pessoa humana, a proporcionalidade e razoabilidade, a legalidade, a publicidade, a eficiência e a menor onerosidade ao devedor.

As medidas executivas atípicas são capazes de induzir o executado a cumprir a ordem determinada devido ao seu caráter coercitivo, ou seja, o receio do pagamento da sanção presente na decisão, como a multa diária, faz com que o indivíduo se sujeite a ela.

Essa indução é explicada pela teoria econômica como algo natural dos indivíduos, sendo denominada de "maximização racional"[233], ou seja, significa o interesse por trás das decisões individuais. Por isso, se diz que o indivíduo maximiza seu bem-estar, buscando auferir o maior benefício com o menor custo possível e, para determinar seus objetivos, o indivíduo realiza a "decisão marginalista", ou seja, somente realizará determinada atividade caso os benefícios marginais (estimados ex ante) sejam iguais ou superiores aos custos marginais (estimados ex ante).

Consciente de que a ameaça contida na decisão pode não ser economicamente vantajosa, a tendência é que os indivíduos cumpram a decisão.

Nas palavras de Sérgio Cruz Arenhart[234], "diante da opção de cumprir a ordem judicial ou sofrer o gravame imposto com ameaça, o 'devedor', ciente da desvantagem que representaria o pagamento da prestação pecuniária, voluntariamente opta pela primeira conduta (adimplemento da ordem)".

Os meios executivos atípicos também podem ser utilizados em sede da tutela inibitória, para garantir, por exemplo, a efetividade da tutela provisória, conforme previsão do artigo 297 do CPC. O referido artigo se baseia na cláusula geral de efetivação de medidas judiciais, e permite, por exemplo, ao invés de determinar o fechamento de uma indústria que emite gases poluentes, impõe a ela a obrigação de instalar filtros para reduzir o impacto ambiental.

233 SALAMA, Bruno. **O que é pesquisa em Direito e Economia?** In: SALAMA, Bruno. **Estudos em Direito e Economia**. Rio de Janeiro: EVG, 2017, p. 27-28.

234 ARENHART, Sérgio Cruz. **A tutela inibitória da vida privada**. v. 2. São Paulo: Revista dos Tribunais, 2000. p. 193.

Na fixação de medidas atípicas, o magistrado deve considerar as circunstâncias do caso concreto. No exemplo citado, o impacto econômico gerado pelo fechamento da indústria pode ser considerável, o que deve ser ponderado a fim de fornecer uma decisão adequada e necessária, de forma a atender, preferencialmente, o interesse de todas as partes.

Assim, nos deparamos novamente com previsões legislativas que indicam que a flexibilidade do processo visa atender o direito material pleiteado. O processo enquanto instrumento claramente carrega uma ideologia de relativa desburocratização do processo tradicional, permitindo a melhor adequação da justiça aos novos direitos.

O Código de Processo Civil de 2015, destarte, ao prever a tutela contra o ilícito, valoriza o direito material, de forma a mantê-lo íntegro, não importando os meios processuais utilizados, desde que respeitados os critérios já citados, como o da razoabilidade, o respeito às garantias constitucionais etc.

No que tange especificamente aos direitos extrapatrimoniais, como o da privacidade, a eficácia na sua proteção é evidenciada a partir do mantimento da sua inviolabilidade. Basta pensar, por exemplo, na situação em que um indivíduo é ofendido perante a rede nacional de imprensa. Questiona-se, nesta situação, se uma indenização civil por danos morais é mais eficaz do que a inibição preventiva da ofensa.

Evidentemente, a tutela específica do direito é mais valiosa para o ordenamento jurídico do que a sua compensação através de indenização, medida última, imposta somente naqueles casos em que não há mais nenhuma outra forma de protegê-lo.

Assim, a Constituição Federal é cumprida através da atuação preventiva do Poder Judiciário, vez que a este foi imposto o dever de fazer cessar ameaça a direitos.

3.2 A tutela inibitória enquanto técnica processual

Como é sabido, o magistrado exterioriza o direito aplicado ao caso concreto através de alguns tipos de provimentos jurisdicionais.

Dentre eles, merecem destaque a sentença (art. 203, § 1º, CPC), decisões interlocutórias (art. 203, § 2º, CPC), acórdãos (art. 204, CPC) e decisões monocráticas (feitas pelo relator e cabível em diversas situações). A tutela inibitória pode ser concedida em qualquer delas, aplicada, normalmente, através de sentenças e decisões interlocutórias.

A sentença é um pronunciamento final, pois, é a fase de encerramento do processo de conhecimento. Cândido Rangel Dinamarco[235] afirma que a sentença é o ato culminante do processo de conhecimento, também chamado de processo de sentença, pois, visa justamente produzir a tutela jurisdicional mediante o julgamento de pretensões.

Já Liebman[236] aduz que a sentença é o ato da "autoridade jurisdicional que exprime e afirma a concreta disciplina que deve regular, segundo a lei, a situação jurídica existente entre as partes, in judicium deducta".

Assim, entende-se que a sentença é uma das formas de aplicação do direito ao caso concreto, ou seja, é a aparição da tutela jurisdicional requerida pelo autor. Não se pode confundir, entretanto, a sentença com a tutela jurisdicional requerida.

Segundo Marinoni[237]:

> As sentenças e os meios de execução são instrumentos para a prestação da tutela dos direitos. Portanto, se as tutelas são classificadas a partir dos resultados do processo no plano do direito material, as sentenças são classificadas com base nas formas processuais – que também são constituídas pelos meios executivos – por meio das quais se expressam para dar tutela aos direitos. Nesse sentido, as tutelas dependem do efeito jurídico declarado pela sentença e, ainda, da predisposição de meios executivos idôneos a sua realização. Já as sentenças têm a sua natureza atrelada às modalidades executivas capazes de viabilizar a tutela do direito, que corresponde a tal efeito jurídico.

Logo, a sentença é um instrumento processual que gera efeitos materiais através da sua execução, consistindo estes na tutela de direitos. É também ato de cognição exauriente, pois, o juiz deve analisar toda a

[235] DINAMARCO, Cândido Rangel. **Instituições de direito processual civil**. São Paulo: Malheiros, 2001. v. 1. p. 194.

[236] LIEBMAN, Enrico Tullio. **Eficácia e autoridade da sentença**. Tradução de Alfredo Buzard e Benvindo Aires. 3 ed. Rio de Janeiro: Ed. Forense. 1984. p. 288-289.

[237] MARINONI, Luiz Guilherme. **Tutela Inibitória e Tutela de Remoção do Ilícito**. 7 ed. rev., atual. São Paulo: Thomson Reuters Brasil, 2019a. p. 211.

matéria constante no processo, como provas e alegações das partes, a fim de prolatar uma decisão definitiva[238].

O estudo sobre as espécies de sentença se mostra como importante para desenvolver um melhor entendimento sobre a tutela inibitória.

Tradicionalmente, divide-se o conteúdo da sentença em condenação, declaração e constituição. Esta é a clássica classificação trinária de sentença, criada por Chiovenda[239] e influenciada por Liebman[240]. Além desta, existe a teoria quinária, encabeçada por Pontes de Miranda[241], o qual incorporou mais duas espécies de sentença: a executiva *lato sensu* e a mandamental.

Luiz Guilherme Marinoni[242] questiona a suficiência da teoria trinária para tutelar os novos direitos, pois, o contexto atual é diferente do contexto em que esta dogmática processual foi elaborada.

Assim, considerando a necessidade de se classificar a tutela inibitória e de remoção, o estudo prossegue analisando as sentenças condenatórias, declaratórias e constitutivas, a fim de saber se elas são suficientes para impedir a prática, repetição, continuação ou remoção do ilícito.

A começar pela sentença meramente declaratória, seu objetivo é a manifestação do magistrado a respeito da existência, ou não, de uma relação jurídica. Segundo Dinamarco[243], a certeza sobre qualquer aspecto da relação jurídica é o seu resultado esperado, pois, cenários de incerteza podem gerar insegurança jurídica e, eventualmente, danos.

238 Didier Jr., Fredie, Braga, Paula Sarno, e Oliveira, Rafael Alexandria. **Curso de direito processual civil**: teoria da prova, direito probatório, ações probatórias, decisão, precedente, coisa julgada e antecipação dos efeitos da tutela. 10 ed. Salvador: Ed. Jus Podivm, 2015. p. 399.

239 Pereira, Eduardo Calais. **A tutela inibitória e a efetividade do processo**. 98 f. Dissertação (Mestrado em Direito) – Universidade Federal de Minas Gerais. Belo Horizonte, 2013. p. 66.

240 Neves, Daniel Amorim Assumpção. **Manual de direito processual civil**. Volume único. 9 ed. Salvador: Editora JusPodivm, 2017. p. 821.

241 Neves, Daniel Amorim Assumpção. **Manual de direito processual civil**. Volume único. 9 ed. Salvador: Editora JusPodivm, 2017. p. 821.

242 Marinoni, Luiz Guilherme. **Tutela Inibitória e Tutela de Remoção do Ilícito**. 7 ed. rev., atual. São Paulo: Thomson Reuters Brasil, 2019a. p. 140.

243 Dinamarco, Cândido Rangel. **Instituições de direito processual civil**. São Paulo: Malheiros, 2001. v. 1. p. 219.

A sentença declarará a existência (positiva), inexistência (negativa)[244] ou modo de ser de uma relação jurídica de direito material, mas, também, poderá atestar a autenticidade ou falsidade de documento, nos termos do artigo 19, I e II do CPC[245].

Segundo Cândido Rangel Dinamarco[246]:

> Em nenhuma hipótese a sentença meramente declaratória, mesmo quando positiva, constitui título para a execução forçada. Ainda quando a obrigação declarada haja sido ou venha a ser descumprida, quando somente a declaração houver sido pedida ao juiz só a mera declaração ele dará: a oferta de título para a execução forçada está exclusivamente nas sentenças condenatórias, pois, só elas contêm esse momento lógico.

Por si só, a declaração não gera efeitos tão pesados como os da condenação. Normalmente, a declaração negativa (inexistência de situação jurídica) gera um efeito desabonador, por exemplo: desobriga a parte de uma obrigação alimentícia, dada a negativa de paternidade; desobriga a obrigação de pagar taxas condominiais vez que a dívida está prescrita.

O pedido de declaração positiva costuma vir acompanhado do pedido condenatório, como é o caso de declaração de anulação de contrato cumulada com condenação por danos materiais. Daniel Neves[247] conclui o raciocínio, ao afirmar que:

> Toda sentença tem um elemento declaratório, considerando-se que, ao condenar o réu ao cumprimento de uma prestação, ou ao criar, modificar ou extinguir uma relação jurídica, caberá ao juiz a declaração de que o direito material do autor à condenação ou a constituição efetivamente existe no caso

[244] Ribeiro, Darci Guimarães. **Contributo ao estudo da sentença declaratória**. In: Assis, Araken, et. al. **Processo coletivo e outros temas de direito processual**. Porto alegre: Livraria do Advogado Editora, 2012. p. 145.

[245] BRASIL. **Lei nº 13.105**, de 16 de março de 2015. Código de Processo Civil. Diário Oficial da União: 17 mar. 2015.

[246] Dinamarco, Cândido Rangel. **Instituições de direito processual civil**. São Paulo: Malheiros, 2001. v. 1. p. 219-220.

[247] Neves, Daniel Amorim Assumpção. **Manual de direito processual civil**. Volume único. 9 ed. Salvador: Editora JusPodivm, 2017. p. 822.

concreto. Por outro lado, a sentença de improcedência do pedido do autor será sempre uma sentença declaratória, já que terá como conteúdo a declaração de inexistência do direito material alegado pelo autor.

Assim, como afirma Pontes de Miranda, "não há nenhuma ação, nenhuma sentença, que seja pura"[248], ou seja, o conteúdo das sentenças possui mais de uma eficácia. Esse caráter híbrido demonstra que a sentença não possui características estáticas, como defendido pela teoria trinária, mas sim, dinâmicas. Isso permite a existência de inter-relação entre esses elementos, bem como a possibilidade de se criar novas concepções.

Porém, a importância da concepção clássica sobre o conteúdo da sentença ainda se mostra relevante no cenário processual, vez que serve de pressuposto para um estudo mais aprofundado sobre a sua suficiência na promoção de direitos materiais.

A partir de tais ideias, é possível o estabelecimento da desvinculação, por exemplo, entre a tutela inibitória antecipada na ação declaratória e a declaração buscada, pois, a primeira visa impedir a ocorrência de ato que viole a declaração buscada[249], enquanto que a segunda, de cunho meritório, é a declaração em si.

Nesta situação, como afirma Marinoni[250], o receio de mal injusto, no caso, deve ser concomitante ao ajuizamento da ação declaratória, sob pena perda de interesse processual da parte em ajuizar ação inibitória posterior.

Um exemplo pode esclarecer o aduzido: "Bárbara" ajuíza uma ação declaratória, a fim de ser reconhecida como sua a propriedade de determinada vaga de garagem em condomínio edilício. "Lancelot", por sua vez, sempre ignorou as afirmações de que a vaga era de propriedade de "Bárbara", e já a utilizava como própria.

248 MIRANDA, Pontes De. **Tratado das ações**. Tomo I. Ação classificação e eficácia. 1 ed. Atualizado por: Vilson Rodrigues Alves. Campinas: Bookseller, 1998. p. 54.

249 MARINONI, Luiz Guilherme. **Tutela inibitória**: individual e coletiva. 5. ed. rev. São Paulo: Thomson Reuters Brasil, 2019b. p. 165.

250 MARINONI, Luiz Guilherme. **Tutela inibitória**: individual e coletiva. 5. ed. rev. São Paulo: Thomson Reuters Brasil, 2019b. p. 165.

No caso, "Bárbara" deve pedir a tutela inibitória antecipada através de ação inibitória simultaneamente à ação de declaração, pois, a tutela jurisdicional visada, em ambos os instrumentos processuais utilizados, será a mesma, qual seja: reconhecer a propriedade da vaga e impedir a sua violação.

Impede-se, assim, o ajuizamento de ação inibitória posterior à ação declaratória, ainda que o risco de ilícito ocorra depois desta. Neste caso, além da declaração, a parte deve pedir, na inicial, a inibição de qualquer ato que possa vir a existir no futuro.

Esta proibição, trazida por Luiz Guilherme Marinoni[251], decorre dos princípios da segurança jurídica e da eficiência, pois, evita-se julgamentos contraditórios e desperdício de tempo e dinheiro.

De toda forma, embora a sentença meramente declaratória se mostre como um tipo de proibição implícita, ela não possui, por si só, força coercitiva capaz de fazer cessar (inibir) a violação normativa ou a sua remoção, mas, tão somente, produzir uma "certeza jurídica através da eliminação de uma incerteza fundamentalmente sobre a existência ou inexistência de uma relação jurídica"[252].

Segundo Marinoni[253], as tutelas declaratórias e inibitórias expressam:

> (...) diferentes necessidades e valores, sendo a primeira marcada pelo desejo de não permitir a intervenção do Estado nas relações dos particulares e a segunda por uma exigência praticamente oposta, ou seja, por uma real necessidade de impedir a violação de direitos considerados fundamentais dentro de um contexto de Estado que, deixando de lado a necessidade de apenas preservar a liberdade do cidadão, passa a apostar não só na consagração formal, mas sobretudo na tutela efetiva e concreta de direitos imprescindíveis para uma organização social mais justa e equânime.

[251] MARINONI, Luiz Guilherme. **Tutela inibitória**: individual e coletiva. 5. ed. rev. São Paulo: Thomson Reuters Brasil, 2019b. p. 166.

[252] RIBEIRO, Darci Guimarães. **Contributo ao estudo da sentença declaratória**. In: ASSIS, Araken, et. al. **Processo coletivo e outros temas de direito processual**. Porto alegre: Livraria do Advogado Editora, 2012. p. 147.

[253] MARINONI, Luiz Guilherme. **Tutela Inibitória e Tutela de Remoção do Ilícito**. 7 ed. rev., atual. São Paulo: Thomson Reuters Brasil, 2019a. p. 35.

Com isso, percebe-se que a mera declaração da existência, ou não, do direito não é capaz, por si só, de coagir o agente violador a se inibir de violar a norma ou a remover seus efeitos concretos, a menos que o faça voluntariamente. Porém, se a declaração estiver acompanhada de um teor inibitório (mandamental), aí sim se obrigaria a preservação do teor normativo, vez que poderiam ser empregados meios de se efetivar a sentença.

Quanto à sentença constitutiva, tradicionalmente é definida como a alteração de uma relação jurídica, seja criando, extinguindo ou modificando-a. Humberto Theodoro Júnior[254] entende que:

> Sem se limitar à mera declaração do direito da parte e sem estatuir a condenação do vencido ao cumprimento de qualquer prestação, a sentença constitutiva "cria, modifica ou extingue um estado ou relação jurídica". O seu efeito opera instantaneamente, dentro do próprio processo de cognição, de modo a não reclamar ulterior execução da sentença. A simples existência da sentença constitutiva gera a "modificação do estado jurídico existente". Enquanto na sentença declaratória o juiz se restringe a atestar a preexistência de relações jurídicas; na sentença constitutiva, sua função é essencialmente "criadora de situações novas". São exemplos de sentenças constitutivas: a que decreta a separação dos cônjuges; a que anula o ato jurídico por incapacidade relativa do agente, ou por vício resultante de erro, dolo, coação, simulação ou fraude; as de rescisão de contrato; as de anulação de casamento etc.

Assim como as sentenças declaratórias, as constitutivas apresentam a "peculiaridade fenomênica de consumir-se em si mesma, ou seja, se esgotam no mundo normativo do 'dever ser', não necessitando nenhuma outra decisão jurisdicional para realizar-se"[255]. Isto, pois, se relacionam

[254] THEODORO JÚNIOR, Humberto. **Curso de Direito Processual Civil**: Teoria geral do direito processual civil, processo de conhecimento e procedimento comum. vol. I. 56. ed. rev., atual. e ampl. Rio de Janeiro: Forense, 2015. p. 1070.

[255] RIBEIRO, Darci Guimarães. Efetividade da Sentença Constitutiva. **Revista Eletrônica de Direito Processual**. Págs. 270-293. Vol. VI, Jul.-Dez, 2010.

com direitos potestativos, o que permite o titular produzir por conta própria a criação, modificação ou extinção de relação jurídica[256].

Portanto, a sentença constitutiva é suficiente para a existência de uma nova relação jurídica. Ademais, o pedido dessa tutela pressupõe que a alteração da relação jurídica se adeque à tutela do direito material.

Daniel Amorim Assumpção Neves[257] nos lembra que, em regra, os efeitos da sentença constitutiva é ex nunc, só ocorrendo a modificação da relação jurídica após a sua prolação, não obstante, possa haver situações em que os efeitos ocorram retroativamente (ex tunc), como é o caso da anulação de negócios jurídicos.

Importa salientar que a tutela inibitória antecipada em sede de ação constitutiva visa a inibição de prática contrária à constituição que se busca na ação de conhecimento[258]. Assim, o efeito mandamental ou executivo da decisão inibitória sumária pode antecipar os efeitos concretos pretendidos com o advento da sentença constitutiva, de forma a preservar o direito material objeto da demanda.

Não se confunde, entretanto, com a tutela cautelar em sede de ação constitutiva, pois, a finalidade da cautela é assegurar o direito até que a tutela final ocorra, em típico caráter repressivo.

Ademais, a criação de uma nova situação jurídica, por si só, não possui força coercitiva capaz de impedir a prática de ato ilícito ou remover seus efeitos concretos. Em verdade, a sanção imposta na sentença constitutiva é modificativa, ou seja, após a sua prolação, não depende de qualquer intervenção da autoridade pública para produzir os efeitos almejados[259].

O que pode acontecer, como afirma Fredie Didier Jr.[260], é a ocorrência de efeitos anexos ou secundários, ou seja, a modificação de determi-

256 Ribeiro, Darci Guimarães. Efetividade da Sentença Constitutiva. **Revista Eletrônica de Direito Processual**. Págs. 270-293. Vol. VI, Jul.-Dez, 2010.

257 Neves, Daniel Amorim Assumpção. **Manual de direito processual civil**. Volume único. 9 ed. Salvador: Editora JusPodivm, 2017. p. 824.

258 Marinoni, Luiz Guilherme. **Tutela inibitória**: individual e coletiva. 5. ed. rev. São Paulo: Thomson Reuters Brasil, 2019b. p. 165.

259 RIBEIRO, Darci Guimarães. Efetividade da Sentença Constitutiva. **Revista Eletrônica de Direito Processual**. Págs. 270-293. Vol. VI, Jul.-Dez, 2010.

260 Didier Junior, Fredie. Sentença constitutiva e execução forçada. **Revista de Processo**. v. 33, n. 159, p. 65-76, maio 2008.

nada relação jurídica enseja o direito a uma prestação. Isto, porém, não se confunde com a possibilidade de execução forçada da própria sentença constitutiva[261].

A sentença condenatória, por sua vez, reconhece a existência do direito a uma prestação. Segundo Neves[262], o direito a prestação é o poder jurídico, conferido a alguém, de exigir de outrem alguma prestação (obrigação), seja ela positiva (dar ou fazer) ou negativa (não fazer). O autor[263] ainda afirma que:

> Pode-se ver, com isso, que a decisão que impõe uma prestação tem por conteúdo a certificação da existência de um direito subjetivo do autor e a imposição ao réu do cumprimento do respectivo dever e tem por efeito viabilizar que o credor possa valer-se de medidas executivas para buscar a satisfação desse seu direito.

Segundo a doutrina clássica, há uma relação entre a condenação e a execução forçada. Isso se explica, pois, não basta o Estado proteger abstrata e normativamente os direitos, devendo prover meios de cumprimento das prestações estabelecidas, sob pena de se reduzir a uma "espécie de sentença declaratória"[264].

A condenação possui um notório caráter repressivo, ou seja, a tutela concedida neste tipo de provimento jurisdicional ocorre como forma de ressarcir um dano causado, pressupondo a violação a direitos[265].

Há, nesta concepção de jurisdição, uma influência liberal, pois, os valores individuais seriam privilegiados em detrimento da intervenção

[261] RIBEIRO, Darci Guimarães. Efetividade da Sentença Constitutiva. **Revista Eletrônica de Direito Processual**. Págs. 270-293. Vol. VI, Jul.-Dez, 2010.

[262] NEVES, Daniel Amorim Assumpção. **Manual de direito processual civil**. Volume único. 9 ed. Salvador: Editora JusPodivm, 2017. p. 420.

[263] NEVES, Daniel Amorim Assumpção. **Manual de direito processual civil**. Volume único. 9 ed. Salvador: Editora JusPodivm, 2017. p. 422.

[264] MARINONI, Luiz Guilherme. **Tutela Inibitória e Tutela de Remoção do Ilícito**. 7 ed. rev., atual. São Paulo: Thomson Reuters Brasil, 2019a. p. 159.

[265] MARINONI, Luiz Guilherme. **Tutela Inibitória e Tutela de Remoção do Ilícito**. 7 ed. rev., atual. São Paulo: Thomson Reuters Brasil, 2019a. p. 144.

estatal[266]. A não intervenção estatal impediu, assim, o avanço da tutela preventiva, em que o Estado, notoriamente, possui um protagonismo maior.

Acrescenta-se que o conceito de jurisdição do final do século XIX conferia uma subordinação entre direito material e processual, restringindo o uso do processo para os casos em que houvesse violação do direito material[267]. A violação de direito, inclusive, servia de base para o interesse de agir, ou seja, se não houvesse direito violado, a ação não poderia ser manejada.

A condenação era, assim, a imposição de reparação do dano causado, não possuindo qualquer atributo de prevenção, reservado à ação declaratória. Por isso, a sentença condenatória pressupõe um juízo de certeza acerca do efetivo inadimplemento obrigacional, o qual está intrinsecamente ligado à violação do próprio direito material[268].

Questão interessante diz respeito ao poder de sujeição da sentença condenatória. Isto, pois, enquanto nesta, a autoridade se limita a constituir a situação que oportuna o uso da força estatal através da execução, na sentença mandamental (vista a seguir), o Estado, por meio da sua autoridade, sujeita o indivíduo a cumprir diretamente a decisão[269].

Na condenação, ocorre a imposição de uma sanção através da criação de um título executivo hábil a permitir o futuro processo de execução forçada[270]. Não existe, entretanto, ameaça de gravame. Na ordem/man-

[266] Marinoni, Luiz Guilherme. **Tutela Inibitória e Tutela de Remoção do Ilícito**. 7 ed. rev., atual. São Paulo: Thomson Reuters Brasil, 2019a. p. 140.

[267] Marinoni, Luiz Guilherme. **Tutela Inibitória e Tutela de Remoção do Ilícito**. 7 ed. rev., atual. São Paulo: Thomson Reuters Brasil, 2019a. p. 141.

[268] Bedaque. José Roberto dos Santos. **Efetividade do Processo e Técnica Processual**. 3 ed. São Paulo: Malheiros, 2010. p. 537.

[269] Marinoni, Luiz Guilherme. **Tutela Inibitória e Tutela de Remoção do Ilícito**. 7 ed. rev., atual. São Paulo: Thomson Reuters Brasil, 2019a. p. 166.

[270] Ribeiro, Darci Guimarães. **A garantia Constitucional do Postulado da Efetividade desde o Prisma das Sentenças Mandamentais**. In: Molinaro, Carlos Alberto, Milhoranza, Mariângela Guerreiro, Porto, Sérgio Gilberto. **Constituição, jurisdição e processo**. Sapucaia do Sul: Notadez, 2007. p. 156.

damento, por sua vez, há o emprego de uma coerção indireta, existindo a ameaça de mal caso seja descumprida[271].

A sanção que o réu sofre na condenação decorre da própria sentença condenatória, ao passo que, na sentença mandamental, o próprio réu resolve adimplir a obrigação, ainda que sujeito à ameaça contida na sentença.

A execução, que deriva da condenação, classicamente ocorre por sub-rogação[272]. Porém, em situações que dependam exclusivamente da vontade do obrigado, como nas obrigações personalíssimas, a sub-rogação se mostra insuficiente para promover o adimplemento da obrigação[273]. Nestes casos, a solução tradicional é impor uma compensação por perdas e danos, de cunho pecuniário, se o devedor não cumprir a obrigação.

Dada a ineficácia do método tradicional, surgiu a opção de impor "comandos acompanhados de penas, com o fim de influir psicologicamente na vontade do devedor"[274]. A multa, enquanto meio de coerção indireta, pôde provocar o adimplemento espontâneo da decisão, sendo mais eficaz do que a execução por sub-rogação. Segundo Marinoni[275], a sentença condenatória:

> (...) abre oportunidade para a execução, mas não executa ou manda; a sentença mandamental manda que se cumpra a prestação mediante o emprego de coerção indireta. Na condenação são apenas criados os pressupostos para a execução forçada. Na sentença mandamental há ordem para que se cumpra; há um "mandado", que não se confunde com o mandado que será expedido, já que o juiz manda que se cumpra e não apenas exorta ao cumprimento, limitando-se a fixar a base para a execução forçada. Na sentença

[271] MARINONI, Luiz Guilherme. **Tutela Inibitória e Tutela de Remoção do Ilícito**. 7 ed. rev., atual. São Paulo: Thomson Reuters Brasil, 2019a. p. 168.

[272] MARINONI, Luiz Guilherme. **Tutela Inibitória e Tutela de Remoção do Ilícito**. 7 ed. rev., atual. São Paulo: Thomson Reuters Brasil, 2019a. p. 165.

[273] BEDAQUE. José Roberto dos Santos. **Efetividade do Processo e Técnica Processual**. 3 ed. São Paulo: Malheiros, 2010. p. 538.

[274] BEDAQUE. José Roberto dos Santos. **Efetividade do Processo e Técnica Processual**. 3 ed. São Paulo: Malheiros, 2010. p. 538.

[275] MARINONI, Luiz Guilherme. **Tutela Inibitória e Tutela de Remoção do Ilícito**. 7 ed. rev., atual. São Paulo: Thomson Reuters Brasil, 2019a. p. 169.

> mandamental não há, note-se bem, apenas exortação ao cumprimento; e há ordem de adimplemento que não é mera ordem, mas ordem atrelada à coerção indireta.

Assim, a sentença mandamental possui o atributo de usar a força estatal diretamente, através do emprego da coerção indireta. Já a sentença condenatória, como visto, apenas oportuna o uso desta força. A condenação "não tem força alguma, nem mesmo executiva; sua eficácia é que é executiva"[276].

A justificativa de uma nova classificação de sentenças deriva da insuficiência da concepção clássica em determinadas situações, como, por exemplo, a necessidade de se impor meios preventivos, caso em que a tutela condenatória se mostra ineficaz.

Ademais, sabendo que a sentença é técnica processual de prestação de tutelas, "uma simples classificação das sentenças (seja ela trinária ou quinária) não é suficiente para expressar os diversos resultados proporcionados pelo processo no plano do direito material" [277]. Até porque, a classificação trinária da sentença deriva de uma concepção descompromissada com o direito material[278].

O processo, então, deve gerar todo o tipo de tutela para assegurar direitos materiais. Por isso, não faz sentido se prender a uma única ótica processual, sabendo que o processo é meio de proteger direitos substanciais.

Assim, se faz necessário o estudo das sentenças executiva lato sensu e mandamental, as quais se mostram como pronunciamentos judiciais alternativos à teoria tripartida, a fim de entender como elas são capazes de proporcionar medidas processuais mais eficazes em determinadas situações.

A sentença executiva lato sensu é entendida como aquela que é autoexecutável, ou seja, dispensa um processo de execução subsequente para

[276] MARINONI, Luiz Guilherme. **Tutela Inibitória e Tutela de Remoção do Ilícito**. 7 ed. rev., atual. São Paulo: Thomson Reuters Brasil, 2019a. p. 169.

[277] MARINONI, Luiz Guilherme. **Tutela Inibitória e Tutela de Remoção do Ilícito**. 7 ed. rev., atual. São Paulo: Thomson Reuters Brasil, 2019a. p. 202.

[278] MARINONI, Luiz Guilherme. **Tutela Inibitória e Tutela de Remoção do Ilícito**. 7 ed. rev., atual. São Paulo: Thomson Reuters Brasil, 2019a. p. 205.

lhe dar efetividade[279], o que permite a execução da sentença na mesma relação processual[280]. Esta é, aliás, a diferença entre a sentença executiva lato sensu e a sentença condenatória, a qual se exigiria, a contrário sensu, processo autônomo de execução.

A sentença mandamental, por outro lado, é a ordem direcionada à pessoa no sentido de fazer ou deixar de fazer algo. A ordem importa na expedição de um mandado. Daí a denominação "mandamental", pois, o juiz "ordena", e não simplesmente "condena"[281]. Ela estaria satisfeita com o cumprimento da ordem, inexistindo processo de execução subsequente visando seu cumprimento[282].

Para isso, entretanto, poderá o juiz se valer de meios executivos indiretos, como astreintes, multa por ato atentatório à dignidade da justiça, crime de desobediência, sem que, contudo, haja execução. Aqui, o indivíduo cumpre a determinação diretamente.

Segundo Carlos Alberto Alvaro de Oliveira[283]:

> Tanto a tutela executiva lato sensu quanto a mandamental atendem ao princípio da maior efetividade possível. Basta pensar em relação a esta última que o resultado específico não poderia ser obtido mediante a simples condenação, porquanto conduziria apenas à obtenção do equivalente em dinheiro, com o emprego de meios sub-rogatórios de execução. De outro lado, não parece adequado confundi-la com a tutela condenatória sob o argumento de que esta também contém ordem de prestação, variando apenas a forma de realização. E isso porque a sentença condenatória não contém ordem de cumprimento da prestação, mas somente juízo de reprovação.

279 Neves, Daniel Amorim Assumpção. **Manual de direito processual civil**. Volume único. 9 ed. Salvador: Editora JusPodivm, 2017. p. 825.

280 Tesheiner. José Maria. **Eficácia da Sentença e Coisa Julgada no Processo Civil**. São Paulo: Revista dos Tribunais, 2002. p. 55.

281 Silva, Ovídio Batista da. **Curso de Processo Civil**. 4 ed. V. II. São Paulo: RT, 1998. p. 334.

282 Neves, Daniel Amorim Assumpção. **Manual de direito processual civil**. Volume único. 9 ed. Salvador: Editora JusPodivm, 2017. p. 826.

283 Oliveira, Carlos Alberto Alvaro de. O problema da eficácia da sentença. **Revista da Faculdade de Direito da UFRGS**. Págs. 37-53. n. 24, 2004.

Importa saber, neste momento, em qual tipo de classificação a tutela inibitória se enquadra. Em um primeiro momento, pode parecer que se trata de uma condenação, vez que impõe ao devedor uma obrigação. Porém, a tutela inibitória possui um viés tipicamente preventivo. De nada adianta seu uso se o ilícito já ocorreu e o direito já foi violado.

A inibição ou remoção do ilícito busca, então, preservar o direito, mantendo-o íntegro. Essa percepção expõe que não se trata de reparação do dano causado, mas sim, de impedimento da sua ocorrência. Evidencia-se o afirmado, pois, seu uso independe, por exemplo, da demonstração do próprio dano, conforme o parágrafo único do artigo 497, CPC[284]. Por isso, não pode ser enquadrada como tutela ressarcitória, em que se toma em consideração o dano. Ademais, a condenação é utilizada para prestar um valor em dinheiro ou o equivalente à prestação inadimplida ou ao dano.

Por isso, é mais adequado classificar a tutela inibitória como mandamental e/ou executiva lato sensu, vez que a ordem prolatada pelo magistrado, antes da ocorrência do dano, visa o cumprimento direto pelo réu e a determinação de uma medida que iniba ou remova o ilícito, mantendo o direito preservado. Caso contrário, a existência do dano desagua na tutela reparatória, proveniente de uma sentença condenatória.

Conforme a lição de Luiz Guilherme Marinoni[285]:

> (...) as tutelas inibitória e de remoção do ilícito são prestadas por sentenças que reconhecem a necessidade da imposição de um não fazer ou de um fazer e, assim, (i) ordenam um não fazer ou um fazer sob pena de multa ou (ii) determinam uma medida de execução que iniba ou remova um ilícito independentemente da vontade do demandado. Trata-se, respectivamente, da (i) sentença mandamental e da (ii) sentença executiva.

Assim, a sentença inibitória consiste em ordenar ao réu o cumprimento de uma obrigação de fazer ou não fazer, sob pena de multa, ou

[284] BRASIL. **Lei nº 13.105**, de 16 de março de 2015. Código de Processo Civil. Diário Oficial da União: 17 mar. 2015.

[285] MARINONI, Luiz Guilherme. **Tutela Inibitória e Tutela de Remoção do Ilícito**. 7 ed. rev., atual. São Paulo: Thomson Reuters Brasil, 2019a. p. 184.

determinadas medidas executivas para tanto. Esta medida preventiva prescinde de fase de execução, podendo ser imposta desde o momento da prolação da decisão.

Porém, para ser tida como mandamental, a sentença deve ter meios capazes de submeter o réu a sua autoridade, como aduz Marinoni[286]:

> A tutela que declara um dever e determina um comportamento de abstenção não pode ser definida como inibitória na ausência de meios de coerção em um dado ordenamento jurídico. A tutela somente pode ser definida como inibitória quando efetivamente pode inibir; em outro caso é simplesmente declaratória, pouco importando o efeito jurídico por ela declarado no plano do direito material.

A coerção indireta é o método utilizado para dar autoridade à sentença mandamental. O termo "sob pena de" é plenamente capaz de sujeitar o réu à determinação judicial. Então, por exemplo, caso um juiz determine a uma emissora de televisão a proibição de exibição de determinada matéria, sob pena de multa diária, está presente, neste pronunciamento judicial, a tutela inibitória mandamental.

Assim, a tutela inibitória não se enquadra na classificação trinária de sentença, pois, seu viés preventivo alcançou patamar de relevância equivalente, ou até superior, ao da tutela repressiva, vez que em inúmeras situações, evitar o dano é mais interessante do que repará-lo.

Como técnica processual que confere tutela a direitos materiais, a sentença deve possuir notória eficácia, principalmente quando avaliar direitos não mensuráveis economicamente.

Por tais razões, não há mais sentido em manter uma classificação tradicional e rígida, vez que a efetivação da tutela dos direitos ganhou tanta relevância que o legislativo extinguiu (ou, no mínimo enfraqueceu) a tipicidade das formas executivas[287], concentrando poderes de execução

[286] Marinoni, Luiz Guilherme. **Tutela Inibitória e Tutela de Remoção do Ilícito**. 7 ed. rev., atual. São Paulo: Thomson Reuters Brasil, 2019a. p. 209.
[287] Marinoni, Luiz Guilherme. **Tutela Inibitória e Tutela de Remoção do Ilícito**. 7 ed. rev., atual. São Paulo: Thomson Reuters Brasil, 2019a. p. 239.

no juiz para que assim possa adequar o procedimento ao caso concreto, a partir de uma "cláusula geral executiva"[288].

Dessa forma, a tutela inibitória é mais adequada para fornecer uma tutela específica de direitos devido ao seu caráter mandamental, uma vez que a ordem emanada induz à abstenção, e a sua eficácia é garantida pelo temor do agente de sofrer as penas referidas na decisão.

O raciocínio é o mesmo quanto se trata de limitar o direito de imprensa, uma vez que a tutela inibitória visa, apenas, instrumentalizar preventivamente direitos, ou seja, impedir a sua violação.

Assim, caso haja o emprego abusivo da liberdade de imprensa, de forma a ameaçar, por exemplo, o direito de privacidade, a tutela inibitória poderá ser utilizada a fim de compelir uma abstenção às empresas de comunicação, sujeitando-as, por exemplo, a multa por cada dia em que a matéria jornalística estiver publicada. Isso significa que a sentença possui caráter mandamental, cujo fim primordial é combater o ilícito, evitando, por seguinte, a ocorrência de danos.

Porém, a sua viabilidade dependerá da ponderação feita no caso concreto, pois, se não houver qualquer ameaça à privacidade, ou qualquer outra justificativa que permita restringir o direito de imprensa, como a extrapolação dos seus limites, então a inibição processual será indeferida, sob pena de configurar censura, sem prejuízo de utilização da tutela repressiva.

3.3 Dos fundamentos substanciais e instrumentais da tutela inibitória

A tutela preventiva deve ser pensada a partir de uma ideia de cautela, tanto materialmente como processualmente. O dever de cautela, acompanhado do resultado prático equivalente, é a essência da tutela inibitória, pois, é uma resposta à necessidade de efetivação da tutela de direitos[289].

Materialmente, qualquer direito pode servir como fundamento da tutela inibitória. Estes direitos derivam de preceitos normativos demo-

[288] MARINONI, Luiz Guilherme. **Tutela Inibitória e Tutela de Remoção do Ilícito**. 7 ed. rev., atual. São Paulo: Thomson Reuters Brasil, 2019a. p. 239.

[289] MARINONI, Luiz Guilherme. **Tutela Inibitória e Tutela de Remoção do Ilícito**. 7 ed. rev., atual. São Paulo: Thomson Reuters Brasil, 2019a. p. 77.

craticamente estabelecidos, os quais são garantidos nominalmente, ou ainda, "in natura". O principal agente protetor destes direitos, tidos como subjetivos[290], é o Estado.

As principais fontes normativas dos direitos materiais civis são a Constituição Federal, Código Civil e demais leis especiais, como a Lei de locações (Lei nº 8.245/91), pois, estabelecem liberdades, privilégios, preferências e garantias.

A Constituição Federal[291], ao tratar da inafastabilidade de jurisdição no inciso XXXV do artigo 5º, previu que a lesão ou ameaça a direitos será alvo de apreciação judicial, sendo vedada qualquer limitação a este acesso.

Garantir o acesso ao judiciário para se valer de uma tutela que assegure direitos ameaçados é o primeiro aspecto material da tutela inibitória. A previsão genérica de resguardar direitos ameaçados importa em uma atuação preventiva por parte do Poder Judiciário, o qual terá que impedir que a ameaça se torne dano.

Observa-se, porém, que há uma preocupação maior quando se trata de direitos não patrimoniais, como os personalíssimos, pois, a tutela reparatória não pode importar no pagamento de algo que não tem preço.

A previsão contida no inciso X do artigo 5º da CF[292] demonstra que determinados direitos, em especial aqueles que tratam da privacidade do indivíduo, são invioláveis, portanto, não podem ser sujeitos a forma alguma de ofensa. A Constituição, assim, não apenas garantiu a reparação pós-danos, mas também, a evitação do resultado danoso.

O Código Civil[293], por sua vez, estabelece, no artigo 12, a possibilidade de a lesão ou ameaça a direitos personalíssimos ser cessada, além do cabi-

290 Calamandrei, Piero. **Instituições de direito processual civil.** Campinas: Bookseller, 2003. p. 188.

291 BRASIL. **Constituição da República Federativa do Brasil de 1988.** Diário Oficial da União: 05 out. 1988.

292 "Art. 5º: X – são invioláveis a intimidade, a vida privada, a honra e a imagem das pessoas, assegurado o direito a indenização pelo dano material ou moral decorrente de sua violação". BRASIL. **Constituição da República Federativa do Brasil de 1988.** Diário Oficial da União: 05 out. 1988.

293 "Art. 12. Pode-se exigir que cesse a ameaça, ou a lesão, a direito da personalidade, e reclamar perdas e danos, sem prejuízo de outras sanções previstas em lei". BRASIL. **Lei**

mento de perdas e danos, sem prejuízo de outras sanções legais. Essas previsões nada mais são do que a possibilidade material de se utilizar a tutela preventiva para cessar ameaça a direitos personalíssimos.

Porém, a tipicidade dos direitos materiais não exaure possibilidade de uso da tutela inibitória. Os novos direitos também são objeto de cautela, vez que inovam no ordenamento, se exigindo uma nova resposta jurisdicional não somente na seara material de direitos, mas também na processual.

Tal entendimento decorre da substitutividade do processo, pois, o Estado, ao proibir a autotutela, assumiu o compromisso de prestar efetivamente a tutela de direitos, sendo essa uma das suas finalidades primárias e um requisito essencial para a sua própria existência[294].

Segundo Sérgio Arenhart[295]:

> No outro vértice das tendências do direito material atual está a concepção de novos direitos, não reconhecidos pelo direito estatal anteriormente. Trata-se, no mais das vezes, de direitos metaindividuais, próprios de sociedades de massa, que representam valores nucleares das sociedades modernas. Esta também é uma tendência da modernidade, a impor sério desafio ao direito processual.

Como o direito está posto para servir à sociedade, é natural que as transformações sociais exijam novas soluções jurídicas. Por isso, é essencial, para o bom funcionamento da tutela estatal, que a Constituição Federal seja suficiente e eficiente[296], de forma a não desamparar direitos pela mora legislativa.

nº 10.406, de 10 de janeiro de 2002. Institui o Código Civil. Diário Oficial da União: 11 jan. 2002.

294 Couture, Eduardo. **Fundamentos del derecho procesal civil**. Buenos Aires: Depalma, 1958. p. 39.

295 Arenhart, Sérgio Cruz. **Perfis da tutela inibitória coletiva**. São Paulo: Ed. RT, 2003. p. 41.

296 Nogueira, Daniel Moura. Garantia constitucional do acesso à justiça como plena solução dos conflitos sociais por meio do processo. **Revista da AJURIS**. v. 42. n. 137. Mar. 2015. Disponível em: <http://ajuris.kinghost.net/OJS2/index.php/REVAJURIS/article/viewFile/382/316>. Acesso em: 23 ago. 2022.

Neste sentido, Canotilho[297] afirma o seguinte:

> Como conteúdo constitucional e internacional mínimo, exige-se que a proteção jurisdicional não fique aniquilada em virtude da inexistência de uma determinação legal da via judicial adequada. Além deste conteúdo mínimo, é de questionar se bastará o facto de a lei assegurar, de qualquer forma, mesmo vaga e imprecisa, a abertura da via judiciária. Se a determinação dos caminhos judiciais for de tal modo confusa (ex.: através de reenvios sucessivos de competências) que o particular se sinta tão desprotegido como se não houvesse via judiciária nenhuma, haverá violação do princípio do Estado de direito e do direito fundamental de acesso ao direito e à via judiciária.

A partir desta concepção, o direito processual assume um papel essencial para se garantir direitos. O processo serve de "forma ou instrumento de atuação de vontade concreta das leis de direito material ou substancial"[298]. Utiliza-se, assim, o processo para se exercer os direitos materiais.

O processo não é apenas o direito de se acessar o Poder Judiciário, mas também o direito de obter uma tutela jurisdicional efetiva. Como instrumento de proteção de direitos, ele busca a adequada e efetiva defesa contra violações de qualquer natureza.

Marinoni[299] defende que este papel representa o direito de se obter uma "técnica processual realmente capaz de dar tutela ao direito", ou seja, o juiz deve prover os meios processuais adequados para que o direito material possa ser efetivamente realizado.

Nos dizeres de Faria e Pinto[300]:

[297] CANOTILHO, J. J. Gomes. **Direito constitucional e teoria da Constituição.** Coimbra: Almedina, 2008. p. 497.

[298] THEODORO JÚNIOR, Humberto. **Curso de Direito Processual Civil**: Teoria geral do direito processual civil, processo de conhecimento e procedimento comum. vol. I. 56. ed. rev., atual. e ampl. Rio de Janeiro: Forense, 2015. p. 39.

[299] MARINONI, Luiz Guilherme. **Tutela inibitória**: individual e coletiva. 5. ed. rev. São Paulo: Thomson Reuters Brasil, 2019b. p. 69.

[300] FARIA, Daniela Lopes e PINTO, Edson Antônio Sousa Pontes. A tutela inibitória e os seus fundamentos no novo Código de processo civil. **Revista dos tribunais**. São Paulo, v. 41, n. 252. p. 303-318. Fev. 2016.

O processo, em suma, deve adaptar-se ao direito substancial sob pena de se tornar apenas mais uma alegoria jurídica sem utilidade fática. O art. 5.º, XXXV, da CF impõe ao Estado disponibilizar procedimentos seguros, eficientes e congruentes aos direitos descritos na seara material, de forma a englobar dinamicamente todas as possibilidades existentes de direito.

O princípio constitucional da efetividade deve ser utilizado na interpretação das normas processuais, pois, dificilmente o legislador prevê especificamente o procedimento a ser adotado para se tutelar determinado direito. Além disso, busca-se evitar a alegação de falta de previsão legal para desamparar direitos.

Porém, essa interpretação não permite a ocorrência de tumulto procedimental ou interpretação "contra legem". O que se pretende é buscar nas normas processuais uma leitura constitucional dos "instrumentos adequados à efetiva garantia dos direitos"[301].

Assim, a tutela jurisdicional inibitória deve ser uma resposta à ação inibitória, de forma a efetivamente inibir a prática, repetição ou continuação do ilícito, além de removê-lo, quando for o caso, de forma a manter o direito material íntegro, como exposto por Luiz Guilherme Marinoni[302]:

> Como se vê, o direito à inibição do ilícito está no plano do direito material, pois, decorre da sanção que compõe a própria norma que outorga o direito, e não na esfera do direito processual. O processo é somente técnica para a prestação da tutela inibitória, pois, essa última já é garantida pelo direito material. Porém, se o processo, diante da natureza de algumas situações de direito substancial, não estiver disposto de modo a viabilizar a outorga da tutela inibitória àquele que a ela tem direito, certamente estará negando o direito fundamental à tutela jurisdicional preventiva.

[301] Marinoni, Luiz Guilherme. **Tutela inibitória**: individual e coletiva. 5. ed. rev. São Paulo: Thomson Reuters Brasil, 2019b. p. 707.

[302] Marinoni, Luiz Guilherme. O direito à tutela jurisdicional efetiva na perspectiva da teoria dos direitos fundamentais. **Jus Navigandi**, Teresina, ano 8, n. 378, 20 jul. 2004. Disponível em: http://jus2.uol.com.br/doutrina/texto.asp?id=5281 Acesso em: 04 nov. 2022.

Em se tratando do direito de privacidade, a sua defesa se mostra como o objeto central da tutela processual preventiva, seja pela inexistência de caráter patrimonial, o que, em tese, impede a sua equivalência por uma indenização, seja pela busca por uma efetividade instrumental do processo, ou seja, o processo atendendo o "papel que lhe compete na economia do ordenamento jurídico"[303].

Enquanto técnica processual adequada, a tutela jurisdicional visa fornecer a tutela específica do direito de privacidade, ou seja, busca preservá-lo, mantendo a sua integralidade, em seu estado natural ou puro. A fruição "in natura" do direito de privacidade evita a sua substituição por uma prestação pecuniária equivalente.

Isso significa que o ordenamento jurídico busca garantir a inviolabilidade do direito de privacidade (art. 5º, X, CF, e art. 12, CC), de forma que tal objetivo funciona como fundamento material da tutela inibitória, servindo a ação inibitória como mecanismo processual preventivo (art. 5º, XXXV, CF) para a preservação da inviolabilidade deste direito.

Assim, pressupondo a existência de justificativa razoável para ressalvá-la, como a presença de abuso, a liberdade de imprensa, ainda que prestigiada no sistema brasileiro, não pode obstar a tutela preventiva do direito de privacidade.

Trilhados os caminhos iniciais dos fundamentos processuais da tutela inibitória, importa, neste momento, analisar seus aspectos normativos propriamente ditos.

A instrumentalização de direitos, visando a cessação da ameaça consiste em verdadeiro princípio geral de prevenção, trazido pela Constituição Federal em seu art. 5º, XXXV, pois, garante o acesso à justiça antes da ocorrência do evento danoso.

No plano infraconstitucional, o artigo 497, *caput* do CPC, prevê que o juiz concederá a tutela específica ou deverá utilizar todas as providências para se obter a tutela pelo resultado prático equivalente, fenômeno

[303] Moreira, José Carlos Barbosa. Por um processo socialmente efetivo. **Revista Síntese de direito civil e processual civil**. Págs. 5-14. Ano II, nº 11, mai./jun. 2001.

denominado por Marinoni[304] de "quebra do princípio da tipicidade das formas executivas".

Isso significa que o juiz não está adstrito aos métodos e/ou procedimentos executivos comuns para a obtenção da satisfação da pretensão requerida. Tanto é verdade que a efetividade da decisão pode ser garantida através do uso da multa coercitiva, a fim de forçar o réu a cumprir uma obrigação específica, conforme o artigo 500 do Código Processual Civil, sem prejuízo do uso de outros meios executivos atípicos, já citados neste trabalho.

Porém, a depender do caso concreto, a tutela específica ou de obtenção do resultado prático equivalente não são alcançáveis, hipótese que só então haverá a conversão da prestação em perdas e danos (art. 499, CPC)[305]. Neste caso, a reparação poderá, inclusive, ser acumulada com a referida multa (art. 500, CPC).

O parágrafo único do artigo 497, CPC, entretanto, não estabelece o fundamento material da tutela inibitória, mas prevê, apenas, técnicas processuais adequadas[306]. Ou seja, a imposição de uma obrigação de fazer ou não fazer ocorre por meio das técnicas processuais, mas não se confunde com elas.

As obrigações, na realidade, permitem a realização de várias tutelas substanciais. Para tanto, é possível afirmar que existe na lei uma cláusula aberta de tutela, ou seja, o dispositivo permite a proteção de vários tipos de tutela através dos meios processuais adequados a cada uma delas.

Encontram-se no Código Processual Civil algumas passagens que ratificam o afirmado, como a previsão do artigo 297, caput, o qual dispõe que o magistrado poderá se valer das medidas que considerar necessárias para a efetivação da tutela provisória.

Ademais, o artigo 536, CPC, também previu a possibilidade da utilização dos meios necessários à satisfação do cumprimento de sentença que

[304] Marinoni, Luiz Guilherme. **Tutela inibitória**: individual e coletiva. 5. ed. rev. São Paulo: Thomson Reuters Brasil, 2019b. p. 72.

[305] BRASIL. **Lei nº 13.105**, de 16 de março de 2015. Código de Processo Civil. Diário Oficial da União: 17 mar. 2015.

[306] Marinoni, Luiz Guilherme. **Tutela inibitória**: individual e coletiva. 5. ed. rev. São Paulo: Thomson Reuters Brasil, 2019b. p. 93.

reconheça a exigibilidade da obrigação de fazer ou de não fazer, seja pela realização da tutela específica ou fornecimento de tutela pelo resultado prático equivalente.

Ante o exposto, em homenagem ao princípio da inafastabilidade de jurisdição, conclui-se que é possível se requerer diversos tipos de tutela, a depender das necessidades do direito. Os instrumentos processuais, portanto, são instituídos para que a tutela de direitos possa ser efetivada, independentemente de qual seja.

Ilustrando o aduzido, o pedido contido em uma ação inibitória em face do abuso da liberdade de imprensa teria como fundamentos materiais os direitos da intimidade, vida privada, honra e imagem, contidos na Constituição Federal e considerados personalíssimos. A via processual utilizada se pautaria no dever de cautela e na inviolabilidade dos referidos direitos. Processualmente, a pretexto de fornecer uma tutela específica ou o resultado prático equivalente ao do adimplemento, o magistrado poderia se utilizar das medidas que entender necessárias, como a proibição de veiculação de determinada notícia sob pena de multa diária ou de identificação do autor da ação.

Percebe-se, assim, que o uso da tutela inibitória, ainda que em face do direito de imprensa possui fundamentos normativos relevantes, vez que a própria Constituição Federal tutela a ameaça de direitos e não considera nenhum direito absoluto.

3.4 A Fungibilidade da tutela inibitória e de remoção do ilícito

Como regra, o juiz deve se ater aos pedidos constantes na petição inicial. A proibição de desatender tais limites deriva do princípio da congruência, o qual impõe ao magistrado o dever de julgar nos exatos limites postos.

O artigo 141 do Código de Processo Civil[307], em conformidade a tal princípio, prevê que o juiz deverá decidir o mérito a partir dos limites postos pelas partes, mas não poderá conhecer questões que não foram por elas suscitadas.

[307] BRASIL. **Lei nº 13.105**, de 16 de março de 2015. Código de Processo Civil. Diário Oficial da União: 17 mar. 2015.

Já o art. 492 do CPC[308], dispõe que é proibido ao magistrado proferir decisão de natureza diversa da pedida pelas partes, seja condenando em montante superior ou em objeto diverso. Isso significa que o juiz não pode condenar o réu a uma prestação maior (ultra petita), menor (citra petita) ou fora (extra petita) dos pedidos iniciais, sob pena de configurar uma sentença passível de anulação.

Porém, a tutela jurisdicional pode ser prolatada a fim de impor uma obrigação de fazer ou não fazer que garanta a tutela específica ou o resultado prático equivalente, nos termos do art. 497, *caput*, CPC, ainda que diferente da pedida. Nestes termos, por exemplo, se o pedido é para proibir a publicação de determinada matéria jornalística que exponha a imagem de um indivíduo, seu resultado prático equivalente poderia ser o mantimento da reportagem desde que a referida imagem não seja exposta.

Assim, é possível afirmar que o juiz se vale de certa margem de autonomia para resolver a controvérsia, ainda que de forma divergente do pedido, desde que busque solucionar de forma mais efetiva o caso concreto e resulte na tutela específica ou no resultado prático equivalente da obrigação original[309].

O assunto é relevante para se verificar a efetividade da tutela inibitória, pois, o juiz pode convertê-la em outra obrigação que resulte na tutela específica ou no resultado prático equivalente do pedido.

Marinoni[310] afirma que o artigo 497, *caput*, CPC, como exceção à congruência, confere ao juiz o poder de converter uma obrigação em outra, de forma a se alcançar um resultado prático equivalente ao do adimplemento, "deixando de atender ao pedido formulado pelo autor, que pode ser de tutela específica da obrigação originária ou de outro resultado prático equivalente ao do adimplemento".

[308] BRASIL. **Lei nº 13.105**, de 16 de março de 2015. Código de Processo Civil. Diário Oficial da União: 17 mar. 2015.

[309] MARINONI, Luiz Guilherme. **Tutela Inibitória e Tutela de Remoção do Ilícito**. 7 ed. rev., atual. São Paulo: Thomson Reuters Brasil, 2019a. p. 74.

[310] MARINONI, Luiz Guilherme. **Tutela Inibitória e Tutela de Remoção do Ilícito**. 7 ed. rev., atual. São Paulo: Thomson Reuters Brasil, 2019a. p. 75.

Ou seja, ainda que a própria parte peça a tutela específica ou algum resultado prático equivalente específico, pode o juiz conceder outro, visando a equivalência pelo adimplemento, sempre levando em conta as peculiaridades do caso concreto.

Com isso, percebe-se que é admissível a fungibilidade entre os pedidos contidos na ação inibitória, vez que, pela sua natureza de técnica processual adequada e necessária, é possível se obter uma tutela jurisdicional efetiva, atendendo, assim, aos preceitos constitucionais exigidos para o bom funcionamento da Justiça.

Ao se deparar com um pedido de tutela inibitória em desfavor da imprensa, ao invés de proibir a publicação da notícia, o magistrado deve analisar se é possível a aplicação de alguma obrigação alternativa apta a fornecer a tutela específica ou no resultado prático equivalente do pedido. Por exemplo, o magistrado pode proibir a identificação do noticiado ou obrigar a emissora a fornecer o direito de resposta antes de publicar a matéria.

3.5 Diferenças entre ilícito e dano

Como dito, o Código de Processo Civil de 2015 buscou romper com os padrões tradicionais de proteção a direitos[311]. O processo civil tradicional se formou a partir de uma concepção reparatória, fundada no liberalismo, em que havia uma mínima intervenção do Poder Judiciário e a ideia de que a lesão causada possuía o mesmo valor pecuniário do seu ressarcimento.

Luiz Guilherme Marinoni[312] explica que:

> A confusão entre tutela contra o ilícito e tutela ressarcitória pelo equivalente, portanto, tem raízes na monetização dos direitos, acentuada pelos valores do Estado liberal antigo, em que o equivalente em pecúnia, sem pôr

[311] Em verdade, já havia traços deste rompimento no Código de Processo Civil de 1973, o qual trazia previsão muito semelhante ao caput do art. 497, CPC/15. O art. 461, CPC/73, dispunha sobre a tutela específica ou pelo resultado prático equivalente ao do adimplemento da obrigação de fazer ou não fazer.

[312] Marinoni, Luiz Guilherme. **Tutela Inibitória e Tutela de Remoção do Ilícito**. 7 ed. rev., atual. São Paulo: Thomson Reuters Brasil, 2019a. p. 20.

> em risco a liberdade, mantinha em funcionamento os mecanismos do mercado. A tutela jurisdicional não tinha qualquer preocupação de fazer valer o desejo das normas ou de tutelar os direitos – garantindo a sua integridade ou repristinação – mas apenas de prestar um equivalente ao sinal da lesão, o que significa dizer que a jurisdição não tinha como meta primária a tutela dos direitos. A sanção do faltoso pressupunha a intangibilidade da sua vontade e a equivalência dos bens, a evidenciar a liberdade individual e o equilíbrio do mercado como limite e justificativa de uma tutela jurisdicional de natureza negativa.

A mudança adveio a partir da tutela de direitos sociais por parte do Estado. Não só o Estado deveria atuar de forma positiva, mas foram impostas aos indivíduos determinadas normas comportamentais. Assim, por exemplo, devido à proteção ambiental, o indivíduo estaria proibido de praticar determinadas condutas, pois, violaria o interesse coletivo da proteção do meio ambiente.

A tutela jurisdicional não mais se limitaria ao dano individual causado, mas permitiu a proteção normativa, ou seja, a proteção contra o ilícito passou a ser o foco da atuação judiciária.

Por isso, a exigência de dano passou a ser pressuposto do ressarcimento, e não do ilícito[313]. Exigir o dano para a ocorrência do ilícito esvaziaria a proteção normativa dada aos direitos. O raciocínio é o mesmo quanto à probabilidade de ocorrência do ilícito: o dano é indicativo da probabilidade de que o ilícito ocorreu ou está ocorrendo, mas não se confunde com ele. Por tais razões, é possível se afirmar que o dano pode ocorrer sem que haja ilícito e vice-versa[314].

A remoção do ilícito também não se confunde com a reparação do dano. Nesta, além de ser necessária a comprovação da sua ocorrência e da culpa (em regra), há a violação de direitos individuais. A remoção do ilícito, ao contrário, não só independe da comprovação de dano ou culpa,

[313] Marinoni, Luiz Guilherme. **Tutela Inibitória e Tutela de Remoção do Ilícito**. 7 ed. rev., atual. São Paulo: Thomson Reuters Brasil, 2019a. p. 25.

[314] Arbs, Paula Saleh. **A importância da ação inibitória dos direitos**. 107 f. Dissertação (Mestrado em Direito). Universidade de Coimbra, Portugal, 2015. p. 44.

mas também visa atingir ato concreto contrário ao direito (norma abstrata). Daí se falar em tutela de remoção dos efeitos concretos do ilícito.

A tutela inibitória não pode ser compreendida como uma punição, mas apenas como forma de se impedir que o ilícito ocorra. Marinoni[315] exemplifica o aduzido citando um julgado do Tribunal de Justiça do Rio de Janeiro:

> O Tribunal de Justiça do Rio de Janeiro, ao analisar um caso em que parentes de uma pessoa já falecida pediam indenização e a cessação da veiculação de um filme cinematográfico que atentaria contra o direito à imagem e à honra, determinou que os réus se abstivessem definitivamente de exibir o filme e condenou-os ao pagamento de ressarcimento por danos morais. Para inibir novas veiculações do filme, impôs multa. Na ementa do acórdão, o Tribunal frisou que a indenização por danos morais não deveria tomar por base o valor da multa, que tem "função inibidora e não de ressarcimento", devendo ser apurada em liquidação por arbitramento. O que importa, neste julgado, é que o Tribunal, além de ter falado em função inibidora da multa, ou seja, no uso da multa como meio de prevenção da repetição do ilícito, deixou claro que o ressarcimento e, portanto, o dano, não guardam qualquer relação com o valor da multa e, por consequência, com a função preventiva. O valor da multa, ao contrário do valor do ressarcimento, não tem nada a ver com o dano, mas apenas com a sua função inibidora e preventiva, que obviamente prescinde do dano e da culpa.

A multa imposta no caso citado é um mecanismo de eficácia da tutela inibitória, de forma a forçar o réu a cumprir a determinação judicial, o que não se confunde, assim, com uma condenação por danos à imagem.

Segundo o artigo 497, parágrafo único do CPC, a tutela inibitória, em suas três modalidades, e a de remoção de ilícito, podem ser concedidas caso se comprove a probabilidade da ocorrência do ilícito, independentemente da comprovação de dano ou culpa.

Essa diferenciação contribui para uma atuação jurisdicional mais eficaz, vez que o Judiciário não depende da ocorrência do dano para com-

[315] MARINONI, Luiz Guilherme. **Tutela inibitória**: individual e coletiva. 5. ed. rev. São Paulo: Thomson Reuters Brasil, 2019b. p. 43.

bater o ilícito. Ou seja, a atuação jurisdicional preventiva deve inibir a prática, reiteração ou continuação do ilícito, além de garantir a sua remoção, a fim de que seu combate evite, consequentemente, a ocorrência de danos. Com o advento do dano, entretanto, a atuação preventiva perde seu objeto, não restando mais alternativa à vítima senão tentar buscar uma reparação.

Dessa forma, a violação normativa do direito de privacidade pela emissora pode ensejar a atuação inibitória do Poder Judiciário, independentemente da existência de efetiva publicação da notícia ou advento de qualquer dano.

3.6 O elemento culpa dentro da tutela inibitória

O parágrafo único do artigo 497, CPC, dispensa a necessidade de se demonstrar culpa para a concessão da tutela inibitória e de remoção. Culpa esta entendida em seu sentido lato, compreendendo tanto o dolo quanto a culpa em sentido estrito.

Nestes termos, é possível afirmar que a responsabilidade na tutela inibitória é objetiva, pois, o referido elemento foi dispensado. A objetividade da responsabilidade se explica pela finalidade do instituto: inibir ou remover o ilícito, ou seja, é uma atuação preventiva.

Novamente: o combate ao ilícito não se confunde com a prestação ressarcitória, proveniente de dano. Um é destinado para evitar a ocorrência do dano, enquanto o outro visa reparar os danos ocorridos.

O ressarcimento pressupõe a demonstração do dano e da culpa, ressalvadas as hipóteses de dispensa, o que não foi exigido pela lei no caso da tutela inibitória ou de remoção. O caráter pós-danos da tutela ressarcitória permite o fornecimento de um valor pecuniário equivalente ao direito violado, sendo o dano necessário, inclusive, para calcular o montante devido.

A prevenção, por sua vez, se mostra incompatível com o dano, o que se explica pelo simples fato de visar impedir a sua ocorrência através do combate ao ilícito. Caso o dano exista, a prevenção perde utilidade à parte, não havendo razão para a pretensão pré-danos, mas somente, a ressarcitória.

O debate é relevante pois, repercute, inclusive, para a seara probatória, de forma que a dispensa da comprovação da culpa facilita o pedido de tutela inibitória, em homenagem ao dever de cautela e da própria finalidade preventiva do instituto. Segundo Marinoni[316], o magistrado, para conceder a tutela inibitória ou de remoção, não deve indagar ou investigar a culpa do réu, não cabendo a este, por óbvio, a discussão sobre a sua culpa.

Assim, é evidente que a dispensa do elemento culpa na tutela inibitória é essencial para a garantia da sua efetividade, pois, primeiro, reforça a diferença entre ilícito e dano, e, segundo, facilita o preenchimento dos requisitos a partir de uma flexibilização da prova, o que permite a concessão da inibição processual por parte do Poder Judiciário.

Dessa forma, a tutela inibitória do direito de privacidade não pode depender da comprovação de culpa da imprensa, vez que, se reduziria a eficácia do instituto, além de manter o pensamento pós-danos de direitos, o que se mostra incompatível com a prevenção de ilícitos.

3.7 Inibição positiva e negativa

A classificação da tutela inibitória em positiva e negativa remete ao direito obrigacional civil, em que é possível o estabelecimento de uma obrigação positiva (dar ou fazer) e negativa (não fazer).

Conforme aduzido por Washington de Barros Monteiro[317], as obrigações de dar, fazer (positivas) e não fazer (negativas) compreenderão todos os fatos da vida jurídica, cuja infinidade de possiblidades deriva necessariamente de uma ou umas delas, sendo chamadas, neste último caso, de obrigações complexas.

De forma geral, a obrigação de fazer consiste em uma atuação positiva do devedor. Porém, segundo Talamini[318], ela possui um caráter excludente, englobando as prestações que não sejam de entregar coisa ou pagar quantia, in verbis:

316 Marinoni, Luiz Guilherme. **Tutela Inibitória e Tutela de Remoção do Ilícito**. 7 ed. rev., atual. São Paulo: Thomson Reuters Brasil, 2019a. p. 28.

317 Monteiro, Washington de Barros. **Curso de direito civil**. v. 4: direito das obrigações, 1ª parte. 32 ed. Atual, por Carlos Alberto Dabus Maluf. São Paulo: Saraiva, 2003. p. 66.

318 Talamini, Eduardo. **Tutela relativa aos direitos de fazer e de não fazer:** e sua extensão aos deveres de entrega de coisas (CPC, arts. 461 e 461-A, CDC, art. 84). 2 ed. São Paulo: Ed. RT, 2003. p. 132.

O dever de fazer consiste na imposição da prática de um ato, estritamente pessoal ou exequível por outra pessoa. Porém, a rigor, todo dever que envolva uma prestação positiva recai em um fazer, em um sentido lato: entregar uma coisa ou pagar uma quantia também são enquadráveis na concepção ampla de 'praticar um ato'. Assim, define-se por exclusão o âmbito dos deveres de fazer. Estes têm por objeto a adoção de comportamento que não se destina preponderantemente a transferir a posse ou titularidade de coisa ou soma ao titular do direito. Trata-se de prestação de um fato – noção genérica que abarca qualquer serviço, trabalho ou, mais largamente, conduta ativa não destinado à simples entrega de coisa ou pagamento em dinheiro.

A obrigação de fazer, entendida como atuação positiva remanescente, se opõe à obrigação de não fazer. Nesta, a abstenção total ou parcial do devedor é o objeto da obrigação. Caso este viole a obrigação de não fazer, através de uma conduta comissiva, arcará com as penalidades constantes na lei e eventualmente estabelecidas pelo juiz, como multa e perdas e danos.

Sobre a obrigação de não fazer, Sílvio de Salvo Venosa[319] aduz que:

> (...) ora se apresenta como pura e simples abstenção, como no caso do alienante de estabelecimento comercial que se compromete a não se estabelecer num mesmo ramo de negócios, em determinada zona de influência, ora como um dever de abstenção ligado a uma obrigação positiva, como é o caso do artista que se compromete a exibir-se só para determinada empresa. Também a obrigação de não fazer pode surgir como simples dever de tolerância, como o não realizar atos que possam obstar ou perturbar o direito de uma das partes ou de terceiros, como é o caso do locador que se compromete a não obstar o uso pleno da coisa locada.

Nesse sentido, a abstenção suportada pelo devedor dependerá do tipo de ação que se pretende evitar. Por exemplo, se um condômino profere com frequência palavras obscenas sempre que vê o seu time de futebol jogando, de forma a atrapalhar o convívio harmônico dos outros morado-

319 Venosa, Sílvio de Salvo. **Direito civil**: obrigações e responsabilidade civil. 17. ed. São Paulo: Atlas, 2017. p. 102-103.

res, é possível que o juiz estabeleça a obrigação de não fazer a ele, a fim de impedir tais inconvenientes.

Este é, por sinal, um ponto que merece atenção, pois, a imposição de obrigação de não fazer deve respeitar os direitos fundamentais e a razoabilidade. Sílvio Rodrigues[320] afirma que a imposição da referida obrigação:

> (...) será lícita sempre que não envolva restrição sensível à liberdade individual. Assim, é ilícita a obrigação de não casar, ou a de não trabalhar, ou a de não cultuar determinada religião, porque o Estado repugna prestigiar um vínculo obrigatório que tem por escopo alcançar resultado que colide com os fins da sociedade. Daí por serem imorais ou antissociais tais tipos de obrigação, o Direito não lhes empresta a forma coercitiva.

Feitas tais considerações, extrai-se do artigo 497, caput, do Código de Processo Civil, que a obrigação de fazer ou não fazer pleiteada em juízo, se procedente, será concedida especificamente ou de forma a se obter seu resultado prático equivalente.

Ademais, o parágrafo único do mesmo dispositivo prevê que é dispensável a demonstração de dano ou culpa lato sensu para se conceder a tutela específica a fim de inibir a prática, reiteração ou continuação de um ilícito, ou a sua remoção.

Com isso, quer o Código assegurar a flexibilidade da tutela jurisdicional preventiva, ou seja, o juiz não deverá apenas inibir um ato comissivo do réu, mas também, imporá uma obrigação em caso de omissão.

Neste sentido, Luiz Guilherme Marinoni[321] afirma que a ação inibitória não visa somente "impor uma abstenção, contentando-se, assim, com um não fazer. O seu objetivo é evitar o ilícito, seja ele comissivo ou omissivo, razão pela qual pode exigir um não fazer ou um fazer, conforme o caso".

320 RODRIGUES, Sílvio. **Direito civil**: direito das obrigações. 25. ed. São Paulo: Saraiva, 1997. p. 44.

321 MARINONI, Luiz Guilherme. **Técnica processual e tutela dos direitos**. São Paulo: Ed. RT, 2004. p. 261-262.

O ato ameaçador de direito, assim, será combatido a depender do tipo de conduta ilícita praticada (ou não). Se um condômino tem o costume de estacionar seu carro na vaga de outro, o juiz poderá impor uma obrigação de não fazer (não estacionar). Por outro lado, caso um Município se omita em fornecer serviços de coleta de lixo em determinada região, o juiz poderá determinar que o faça.

Destarte, a tutela concedida pelo juiz poderá ter caráter inibitório positivo, negativo ou misto, ocorrendo este último quando, simultaneamente, houver ações e omissões ilícitas.

A imprensa, por conseguinte, pode ser forçada a praticar determinada obrigação de fazer, não fazer ou ambas, a fim de, por exemplo, se abster de publicar determinada matéria a respeito de determinados fatos ou pessoas, ou ainda, de divulgar ostensivamente retratação relativa a determinada notícia falsa, podendo ambos os exemplos coexistirem.

3.8 Tutela inibitória e tutela cautelar

A tutela inibitória não pode ser confundida com a tutela cautelar, pois, ambas possuem destinações diferentes. A segunda pressupõe a violação a direitos e a busca por uma tutela final e, para que haja efetivamente esta prestação jurisdicional, é concedida a cautela contra danos. A tutela cautelar visa assegurar o direito para que a tutela final não seja prejudicada. Há, então, um caráter repressivo.

Diferentemente, a tutela inibitória e de remoção podem ser prestadas tanto ao final quanto antecipadamente, não influenciando sobre a sua substância o momento da sua concessão no processo[322], desde que visem impedir a ocorrência de um dano, violação de um direito ou remoção dos efeitos concretos de um ilícito[323]. Por isso, evidencia-se seu caráter preventivo.

A tutela inibitória antecipada, ou seja, aquela concedida em sede de cognição sumária, não perde a sua natureza preventiva pelo fato de o pro-

[322] MARINONI, Luiz Guilherme. **Tutela Inibitória e Tutela de Remoção do Ilícito**. 7 ed. rev., atual. São Paulo: Thomson Reuters Brasil, 2019a. p. 35.

[323] MARINONI, Luiz Guilherme. **Tutela Inibitória e Tutela de Remoção do Ilícito**. 7 ed. rev., atual. São Paulo: Thomson Reuters Brasil, 2019a. p. 35.

vimento judicial ser provisório[324]. Isto se explica pela necessidade de se obter uma tutela preventiva eficiente e autossuficiente, e não de garantir efetividade a prestação jurisdicional final.

É evidente que a própria legislação prevê o direito à tutela inibitória, como a disposição do Código Civil a respeito da cessação de ameaças a direitos personalíssimos (artigo 12). Além disso, a lei processual civil inclui o fornecimento de instrumentos inibitórios adequados para a consecução da finalidade preventiva, como a coerção indireta e a técnica antecipatória[325].

Por isso, a tutela cautelar se difere da inibitória, vez que esta possui a finalidade de impedir a violação de um direito, enquanto aquela visa assegurar este mesmo direito para que a pretensão ressarcitória final possa ocorrer de forma eficaz.

324 MARINONI, Luiz Guilherme. **Tutela Inibitória e Tutela de Remoção do Ilícito**. 7 ed. rev., atual. São Paulo: Thomson Reuters Brasil, 2019a. p. 41.

325 MARINONI, Luiz Guilherme. **Tutela Inibitória e Tutela de Remoção do Ilícito**. 7 ed. rev., atual. São Paulo: Thomson Reuters Brasil, 2019a. p. 41.

4.
A TUTELA INIBITÓRIA FRENTE AOS DIREITOS FUNDAMENTAIS

4.1 Constitucionalização do processo civil

A constitucionalização do processo civil consiste na necessidade de um olhar do processo a partir da Constituição Federal. Isso decorreu da adoção do neoconstitucionalismo e a sua metodologia no direito brasileiro[326]. Segundo Elpídio Donizetti[327]:

> Esse fenômeno da constitucionalização dos direitos e garantias processuais, além de retirar do Código de Processo a centralidade do ordenamento processual (descodificação), ressalta o caráter publicístico do processo; isto é, o processo distancia-se de uma conotação eminentemente privada, deixa de ser um mecanismo de exclusiva utilização individual para se tornar um meio à disposição do Estado para realizar justiça.

A necessidade de uma compreensão do processo à luz da Constituição permite uma comunicação entre a lei processual e a lei constitucional, pois, aquela pode se valer dos princípios, garantias e disposições desta[328].

Assim, o dever de respeito à Constituição não é imposto somente ao legislador, mas também ao intérprete do direito processual. Tanto é que o Código de Processo Civil positivou diversos princípios constitucionais,

[326] DONIZETTI, Elpídio. **Curso didático de direito processual**. 20. ed. rev., atual. e ampl. São Paulo: Atlas, 2017. p. 66.
[327] DONIZETTI, Elpídio. **Curso didático de direito processual**. 20. ed. rev., atual. e ampl. São Paulo: Atlas, 2017. p. 66.
[328] DONIZETTI, Elpídio. **Curso didático de direito processual**. 20. ed. rev., atual. e ampl. São Paulo: Atlas, 2017. p. 67.

a fim de efetivar da melhor forma possível os direitos materiais, o que valorizou, assim, seu caráter de instrumentalidade[329], ou seja, o processo não é um fim em si mesmo, mas apenas, meio de realização de direitos constitucionais.

O direito de ação, previsto no artigo 5º, XXXV, CF, não está mais preocupado com o simples acesso à justiça (prestação jurisdicional/ação processual), mas, ao contrário, com a efetivação de direitos a partir da tutela jurisdicional (ação material), o que importa, em alguns casos, na possibilidade na atuação judiciária preventiva[330].

A radicalização do rito importa na sua desvinculação com o verdadeiro objetivo do processo, que é a promoção do direito material[331]. É por tais razões que não há, ou não deveria haver, um rigor excessivo quanto a formalidade de técnicas processuais, o que permite a "exigência de adequação dos instrumentos utilizados pela jurisdição à efetividade da proteção e realização dos direitos subjetivos materiais envolvidos em litígios"[332]. Dessa forma, o emprego de técnicas processuais infraconstitucionais deve se adequar à Constituição Federal, sob pena de inconstitucionalidade.

Para a utilização da tutela inibitória, assim, deve haver uma adequação aos preceitos constitucionais, de forma que seja eficiente instrumento de efetivação de direitos fundamentais, o que prevalece, portanto, sobre a mera alegação de rigor processual para impedir o seu uso.

Quando a liberdade de imprensa e o direito de privacidade estiverem em conflito no caso concreto, o resultado da ponderação permitirá ou proibirá o uso da tutela inibitória. Neste último caso, ocorrerá a incompatibilidade entre lei infraconstitucional (técnica processual) e princípio constitucional (bem material).

[329] TORRES, Artur. **Fundamentos de um direito processual civil contemporâneo**. Parte I. Porto Alegre: Arana, 2015. p. 52.

[330] MARINONI, Luiz Guilherme. O direito à tutela jurisdicional efetiva na perspectiva da teoria dos direitos fundamentais. **Jus Navigandi**, Teresina, ano 8, n. 378, 20 jul. 2004. Disponível em: http://jus2.uol.com.br/doutrina/texto.asp?id=5281 Acesso em: 04 nov. 2022.

[331] LACERDA, Galeno. O código e o formalismo processual. **Revista da Faculdade de Direito da UFPR**. V. 21, n. 0, 1983.

[332] THEODORO JÚNIOR, Humberto. **Curso de Direito Processual Civil**: Teoria geral do direito processual civil, processo de conhecimento e procedimento comum. vol. I. 56. ed. rev., atual. e ampl. Rio de Janeiro: Forense, 2015. p. 174.

Entretanto, a prevalência do direito de privacidade influi na compatibilidade entre a Constituição Federal e a tutela inibitória, pois, embora exista aparente confronto entre esta técnica processual infraconstitucional e o direito de imprensa, de matriz constitucional, o exercício dela se pauta na proteção de direito igualmente fundamental.

Destarte, como o processo é instrumento de realização de direitos constitucionais[333], não há que se falar, sob uma perspectiva de hierarquia normativa, em incompatibilidade entre a tutela inibitória e a liberdade de imprensa.

4.2 Da compatibilização entre a tutela inibitória e a liberdade de imprensa

Como visto no capítulo anterior, o processo civil, sob a ótica da constitucionalização, visa prover meios de efetivar direitos materiais. Esta instrumentalidade do processo deriva da efetivação da tutela jurisdicional prevista no artigo 5º, XXXV, CF.

A tutela inibitória, como instrumento processual infraconstitucional, deve atender aos comandos constitucionais, a fim de que haja a harmonização entre as normas do nosso ordenamento jurídico.

É evidente que a inibição processual pode tutelar diversos direitos. Pode ser que seu uso vise a proteção de violações ao patrimônio, à saúde ou ao meio ambiente. Notadamente os direitos não patrimoniais, como os da personalidade, demandam uma maior proteção, inclusive preventivamente, sendo a ação inibitória fundamental para tal fim[334], uma vez que, por serem indissociáveis da condição humana, são imprescindíveis à própria existência da pessoa[335].

Essa atenção decorre da impossibilidade de se retornar ao "status quo ante" do direito, consistindo a indenização civil, e até mesmo o direito

333 Alvaro de Oliveira, Carlos Alberto. O formalismo-valorativo no confronto com o formalismo excessivo. **Revista da Faculdade de Direito da Universidade Federal do Rio Grande do Sul**. n. 26, p. 59-88, dez. 2006.

334 Bedin, Gabriel de Lima. Tutela inibitória e a defesa do direito à intimidade e à vida privada: em busca da concretização dos direitos fundamentais. **Revista Direito em Debate**. Págs. 190-215. Ano XXI, nº 37, jan.-jun. 2012.

335 Muritiba, Sérgio Silva. Tutela inibitória e os direitos da personalidade. **Revista de processo**. São Paulo, n. 122, p. 22-40, abr. 2005.

de resposta, em mera redução do prejuízo, mas não na sua reparação integral[336].

O desamparo do direito à privacidade, em relação ao ressarcimento, decorre da tradição jurisdicional de tentar reconstruir as situações abusivas através das provas, sendo necessária a comprovação dos danos sofridos e da culpa daqueles que abusam da liberdade de imprensa. Ademais, se mostra impossível a reparação da lesão causada através da pecúnia, "razão pela qual se faz essencial privilegiar formas preventivas de tutela que permitam evitar a concreção do evento lesivo"[337].

Tais ônus dificultam o ressarcimento, ainda que em situações de legítimas violações. É certo que a posição democraticamente privilegiada do direito de imprensa e a vedação à censura são fatores que atrapalham a possibilidade do ressarcimento civil.

Em tal cenário, a tutela inibitória surge como alternativa para tutelar o direito de privacidade, naquelas situações em que este direito prevaleça sobre a liberdade de imprensa. O ônus probatório, inclusive, é muito menor, ao menos quando se comparado ao da tutela repressiva, pois, o Código de Processo Civil dispensou a comprovação de dano ou culpa.

Assim, se o objetivo da tutela jurisdicional é preservar um direito imaterial, mantendo-o conservado ou "in natura", então a tutela inibitória é o meio mais recomendado, vez que visa promover a tutela específica de direitos.

A reparação do dano em tais situações se mostra como proteção insuficiente[338], dado o aspecto não econômico dos direitos, na medida em que o condicionamento da atuação judicial pós-danos, além de ser entendido como uma forma de precificá-los, segue em contramão ao sistema constitucional de proteção de direitos.

[336] VIEIRA, Andrey Bruno Cavalcante, JÚNIOR, Marcos Ehrhardt. O direito de danos e a função preventiva: desafios de sua efetivação a partir da tutela inibitória em casos de colisão de direitos fundamentais. **Revista IBERC**. v. 2, n. 2, p. 01-30, mai./ago. 2019.

[337] ESPINDOLA, Angela Araujo da Silveira. A tutela preventiva fundada nos princípios processuais constitucionais. **Direito & Justiça**, Porto Alegre, v. 36, n. 2, p. 111-122, jul./dez. 2010.

[338] PEREIRA, Eduardo Calais. **A tutela inibitória e a efetividade do processo**. 98 f. Dissertação (Mestrado em Direito) – Universidade Federal de Minas Gerais. Belo Horizonte, 2013. p. 70.

Isto se dá, pois, em decorrência da natureza fundamental do direito de privacidade, a sua equivalência em dinheiro se mostra incompatível com as finalidades constitucionais, devendo ser assegurado e efetivado plenamente[339], sendo a indenização utilizada somente para tentar minorar o sofrimento causado.

A sentença condenatória, então, não tutela adequadamente a privacidade, pois, por ser um direito absoluto[340], e, portanto, inviolável, a exigência de efetiva ocorrência de danos para a sua prestação ressarcitória traduz uma invasão de terceiros à esfera jurídica individual[341].

A adoção da tutela inibitória (e preventiva em geral) ocorreu especificamente para suprir a ineficiência da tutela reparatória nestes casos, como afirma a doutrina[342]:

> Tais artigos (497 e 536 cpc) estão muito mais preocupados com os direitos não patrimoniais do que com os direitos patrimoniais. É que os direitos não patrimoniais não só são mais importantes, como se afastam, de modo muito mais evidente do que os direitos patrimoniais, da tutela ressarcitória. Admitir a tutela ressarcitória, no caso de direitos não patrimoniais, é o mesmo que aceitar que o processo, em vez de servir à efetiva tutela do direito, somente pode condenar o violador a pagar por algo que não tem preço. Portanto, a ideia de que a tutela efetiva e adequada do direito não pode ser trocada pela tutela ressarcitória deve ser compreendida principalmente em face dos direitos não patrimoniais, aos quais, aliás, a própria Constituição Federal reserva uma posição de destaque.

339 BEDIN, Gabriel de Lima. Tutela inibitória e a defesa do direito à intimidade e à vida privada: em busca da concretização dos direitos fundamentais. **Revista Direito em Debate**. Págs. 190-215. Ano XXI, nº 37, jan.-jun. 2012.

340 MARINONI, Luiz Guilherme. **Tutela Inibitória e Tutela de Remoção do Ilícito**. 7 ed. rev., atual. São Paulo: Thomson Reuters Brasil, 2019a. p. 174-175.

341 MARINONI, Luiz Guilherme. **Tutela Inibitória e Tutela de Remoção do Ilícito**. 7 ed. rev., atual. São Paulo: Thomson Reuters Brasil, 2019a. p. 175.

342 MARINONI, Luiz Guilherme. **Tutela Inibitória e Tutela de Remoção do Ilícito**. 7 ed. rev., atual. São Paulo: Thomson Reuters Brasil, 2019a. p. 78.

Para tanto, a mesma doutrina[343] elenca alguns motivos que evidenciam a efetividade da tutela inibitória, *in verbis*:

> São vários os fundamentos que podem ser alinhados para justificar tal procedimento: (i) a possibilidade de o juiz, de ofício, fixar a multa ou determinar as "medidas necessárias"; (ii) o fato de a norma ter admitido ao juiz, em desatenção ao princípio da congruência entre o pedido e a sentença, conceder a tutela específica da obrigação ou o resultado prático equivalente ao do adimplemento; (iii) a ideia, que decorre do princípio constitucional da efetividade, no sentido de que cabe ao juiz buscar a tutela efetiva dos direitos, principalmente quando em jogo direitos não patrimoniais, afastando-se, de todas as formas, da inefetiva tutela ressarcitória.

A efetividade da decisão inibitória é um dos principais motivos que embasam a sua prevalência sobre a tutela repressiva. A lei processual forneceu ao magistrado a possibilidade de se utilizar dos meios necessários e adequados para se obter a tutela específica de direitos, ainda que não estejam previstos expressamente em lei ou nenhuma das partes os requereu.

A tutela específica e a tutela pelo resultado prático equivalente ao do adimplemento permitem, inclusive, a modulação do direito de imprensa, podendo o juiz impor, por exemplo, prestações alternativas considerando o caso concreto, a fim de manter, da melhor forma possível, os seus limites.

Basta pensarmos em um exemplo em que, ao invés de se proibir a veiculação de notícia abusiva, a empresa de comunicação seja compelida apenas a não identificar o noticiado e a sua imagem. Assim, se respeitaria o direito de privacidade minorando, da menor e melhor forma possível, a liberdade jornalística, pressupondo, por óbvio, que se trate de notícia abusiva.

A decisão prolatada em sede de ação inibitória é considerada mandamental, pois, sujeita a emissora a prestar diretamente uma obrigação positiva ou negativa através de coerção indireta, como, por exemplo, a

343 MARINONI, Luiz Guilherme. **Tutela Inibitória e Tutela de Remoção do Ilícito**. 7 ed. rev., atual. São Paulo: Thomson Reuters Brasil, 2019a. p. 78.

imposição de multa diária por dia de descumprimento. Esse caráter de ordem garante efetividade à decisão, preservando, por sua vez, os direitos de intimidade, vida privada, honra e imagem.

Por exemplo, o fato de um indivíduo pleitear a tutela inibitória antes da publicação de determinada notícia abusiva, e, portanto, ilícita, importa em uma atuação preventiva, na medida em que evita a exposição da sua imagem, honra, vida privada ou intimidade. Essa atuação pré-danos contra o ilícito mantém os referidos direitos íntegros, de forma a manter a inviolabilidade disposta pela Constituição Federal.

Por tais razões, é certo afirmar que a atuação preventiva é mais eficaz do que a repressiva, ao menos em casos de direitos extrapatrimoniais, o que rompe com a ideia de que o dever de indenizar é a medida mais adequada em qualquer caso para a defesa dos direitos da personalidade[344]. Há quem diga, inclusive, que a recomposição pecuniária é "pouco mais que inútil"[345] quando se trata de direitos que não contenham caráter patrimonial.

A interpretação constitucional mais adequada para a tutela do direito de privacidade (art. 5º, X) é no sentido de garantir a sua inviolabilidade através dos mecanismos constitucionais e legais disponíveis, como a tutela preventiva de direitos. Caso não seja possível mantê-lo inviolável, só então a indenização se mostraria como meio restante de proteção.

Assim, o ressarcimento deve ser tido como "última ratio", ou ainda como "via secundária"[346], para aquelas situações em que o direito não pode ser tutelado preventivamente, não restando alternativa de proteção senão pela indenização.

Basta imaginar, para isto, no mesmo exemplo, que a tutela inibitória foi indeferida. A notícia, então, é publicada e a imagem ou honra do indivíduo é violada. Apenas após a exposição sofrida é que surgiria para

[344] GODINHO, Adriano Marteleto, GUERRA, Gustavo Rabay. A defesa especial dos direitos da personalidade: os instrumentos de tutela previstos no direito brasileiro. **Revista Jurídica Cesumar.** v. 13, n. 1, p. 179-208, jan./jun. 2013.

[345] ARENHART, Sérgio Cruz. **A tutela inibitória da vida privada**. v. 2. São Paulo: Revista dos Tribunais, 2000. p. 60.

[346] SILVA, Felipe Ventin da. **A tutela preventiva dos direitos de personalidade e a liberdade de informação jornalística**. 286 f. Dissertação (Mestrado em Direito) – Universidade Federal da Bahia. Salvador, 2011. p. 214.

o indivíduo a possibilidade de buscar uma reparação pecuniária. Neste caso, fica fácil perceber que a tutela ressarcitória seria insuficiente para prestar a tutela específica do direito à privacidade.

Relembrando os casos da escola base e de Fabiane, percebe-se como o exercício abusivo do direito de imprensa pode ser extremamente danoso, se mostrando insuficientes as indenizações impostas. Ainda que cada indivíduo ganhasse um milhão de reais, este montante não seria capaz de curar as feridas carregadas diariamente pelas vítimas. Partindo do hipotético pressuposto em que seja possível a escolha entre a indenização pós-danos e a não ocorrência dos fatos lesivos, qualquer vítima de um dano grave certamente escolheria a segunda opção.

O entendimento exposto até aqui é oposto ao aplicado pelo Supremo Tribunal Federal desde o julgamento da ADPF nº 130, o qual, seguindo o voto do relator, Ministro Carlos Ayres Brito, tornaria impossível a atuação preventiva contra a imprensa, só cabendo medidas ressarcitórias caso se comprove abuso[347].

Aqui, o veículo de comunicação exerce um direito que possui precedência incondicionada, abstrata ou absoluta, ou seja, independentemente do caso concreto, será um direito que prevalecerá, o que não é admitido, por exemplo, no direito alemão pelo Tribunal Constitucional Federal.

No voto do relator[348] consta, inclusive, que a posição de privilégio da liberdade de imprensa a faz possuir uma "hierarquia axiológica" em relação aos outros direitos, não consistindo em "norma-princípio", como defendido por Robert Alexy e Ronald Dworkin, e não possuindo, por consequência, qualquer "mandado de otimização".

Ao contrário, o direito de imprensa possui uma "primazia político-filosófica", que a aproxima mais de uma "norma-regra", pois, prevalece sobre outras regras constitucionais sobre direitos da personalidade, de forma a impedir integralmente a produção dos efeitos destas.

[347] PEREIRA, Eduardo Calais. **A tutela inibitória e a efetividade do processo**. 98 f. Dissertação (Mestrado em Direito) – Universidade Federal de Minas Gerais. Belo Horizonte, 2013. p. 77.

[348] BRASIL. STF – **ADPF 130**. Relator: Ministro Carlos Ayres Brito. Julgado em: 30/04/2009. Disponível em: <https://redir.stf.jus.br/paginadorpub/paginador.jsp?docTP=AC&docID=605411>. Acesso em: 14 mar. 2023. p. 61.

Ou seja, o caráter radical/extremista da Constituição sobre o direito de imprensa a coloca no patamar de regra, de forma que, se conflitante com outra regra, esta terá os seus efeitos integralmente imobilizados.

Tendo em vista que a liberdade de imprensa é, de acordo com o entendimento do relator, uma regra, e o direito de privacidade, um princípio, não houve a ponderação de princípios fundamentais.

A incondicionalidade do direito de comunicação diz respeito ao controle preventivo, uma vez que é cabível, como exaustivamente exposto nesta pesquisa, a aplicação de medidas repressivas, como o direito de resposta e a ação de danos.

O Ministro Carlos Ayres Brito[349], no seu voto da ADPF nº 130, reconheceu que a dinâmica adotada pela Constituição brasileira é radical, o que demonstra a necessidade de se repensar a forma como o direito de imprensa é analisado.

Entretanto, o entendimento deveria ser o mesmo do adotado pela corte suprema alemã, ou seja, todos os direitos fundamentais são princípios e serviriam como balizas recíprocas, de forma a manter o sistema de equilíbrio e ausência de hierarquia entre direitos fundamentais, argumento defendido, inclusive, pela Ministra Ellen Gracie[350], em sede do julgamento da referida ADPF.

Assim, um direito somente prevaleceria sobre o outro diante do caso concreto, independentemente do tipo de tutela pleiteada. Admitir o caráter irrestrito do direito de imprensa seria o mesmo que permitir, de acordo com a Ministra[351], a:

> (...) nulificação dos direitos fundamentais à intimidade, à vida privada, à imagem e à honra de terceiros. É de todos bastante conhecida a metáfora de que

[349] BRASIL. STF – **ADPF 130**. Relator: Ministro Carlos Ayres Brito. Julgado em: 30/04/2009. Disponível em: <https://redir.stf.jus.br/paginadorpub/paginador.jsp?docTP=AC&docID=605411>. Acesso em: 14 mar. 2023. p. 59.

[350] BRASIL. STF – **ADPF 130**. Relator: Ministro Carlos Ayres Brito. Julgado em: 30/04/2009. Disponível em: <https://redir.stf.jus.br/paginadorpub/paginador.jsp?docTP=AC&docID=605411>. Acesso em: 14 mar. 2023. p. 127.

[351] BRASIL. STF – **ADPF 130**. Relator: Ministro Carlos Ayres Brito. Julgado em: 30/04/2009. Disponível em: <https://redir.stf.jus.br/paginadorpub/paginador.jsp?docTP=AC&docID=605411>. Acesso em: 14 mar. 2023. p. 128.

se faz a respeito da busca tardia pela reparação da honra injustamente ultrajada, esforço correspondente àquele de reunir as plumas de um travesseiro, lançadas do alto de um edifício.

Inclusive, o Ministro Cezar Peluso[352], em seu voto na ADPF, também destacou que o direito de imprensa não pode ser absoluto, de forma que a plenitude deste direito ocorre pressupondo as próprias restrições literais dos dispositivos citados, ou seja, ocorre de forma "atuante nos limites conceitual-constitucionais".

Porém, percebe-se que as limitações à liberdade comunicativa não ocorrem somente no campo constitucional, mas, também, no infraconstitucional, como nos casos das medidas repressivas cíveis, amparadas pela própria constituição (ação de danos e direito de resposta), e criminais, como defendido pelo Ministro Celso de Melo na ADPF nº 130[353], o que, entretanto, não importa em incompatibilidade.

O direito de ação, assim, justifica a procura do judiciário inclusive para cessar ameaças a direitos, o que implica em uma atuação preventiva (tutela inibitória), ainda que em face do direito de imprensa. É claro que, para isso, é preciso a realização da ponderação de direitos, afinal, não é em qualquer situação que os direitos de privacidade prevalecem sobre o de imprensa, mas somente naquelas situações em que não há interesse público ou a notícia seja abusiva.

Outro fator que sustenta a necessidade de se rever o pensamento do relator da ADPF nº 130 diz respeito sobre o tipo de interpretação que foi realizado. Isto, pois, o voto se baseou na interpretação gramatical ou literal, uma vez que o caráter de "sobredireitos" da imprensa se definiu a partir da leitura dos termos "não sofrerá qualquer restrição" e "plena", contidos no artigo 220, caput e § 1º da CF, respectivamente. Além disso, o termo "observado o disposto nesta constituição" foi interpretado de

[352] BRASIL. STF – **ADPF 130**. Relator: Ministro Carlos Ayres Brito. Julgado em: 30/04/2009. Disponível em: <https://redir.stf.jus.br/paginadorpub/paginador.jsp?docTP=AC&docID=605411>. Acesso em: 14 mar. 2023. p. 123.

[353] BRASIL. STF – **ADPF 130**. Relator: Ministro Carlos Ayres Brito. Julgado em: 30/04/2009. Disponível em: <https://redir.stf.jus.br/paginadorpub/paginador.jsp?docTP=AC&docID=605411>. Acesso em: 14 mar. 2023. p. 160-161.

forma restritiva, de maneira que "apenas" as balizas constitucionais poderiam restringir o âmbito de aplicação da comunicação.

Embora a fundamentação do voto do relator da ADPF seja extremamente respeitável e relevante, destacando a importância de se manter a informação longe de qualquer interferência prévia sob o ponto de vista histórico, literário e social, o direito de imprensa não pode mais ser percebido como absoluto, na medida em que, nos dias atuais, a tendência que se observa, principalmente com o avanço das redes sociais, é a diminuição e a banalização do direito da privacidade.

O resultado do julgamento está longe de ser incorreto, afinal, foi fruto de diversos debates relevantes tratados na época, sendo uma das soluções viáveis para o estabelecimento do equilíbrio social. Porém, além de todos os outros Ministros já defenderem na época que o direito de imprensa não é absoluto, embora tenham seguido o voto do relator, se passaram quatorze anos desde a ocorrência do julgamento, o que exige uma reflexão sobre a questão para analisar se esse entendimento se adequa, ou não, às necessidades atuais da população.

Ademais, a superestimação da liberdade jornalística é constantemente alegada a pretexto de atender interesses mesquinhos e econômicos de vários jornais, o que, além de não conter interesse público, foge do jornalismo verdadeiro, compromissado com a verdade.

Além do que, a característica extrapatrimonial dos direitos fundamentais[354], como a privacidade, se mostra totalmente incompatível com um ressarcimento pecuniário. A utilidade e eficácia de uma indenização é infinitamente inferior à da atuação preventiva, pois, o combate ao ilícito é o instrumento mais adequado para se evitar danos e garantir a dignidade da pessoa humana.

O direito de resposta, entendido como um tipo de tutela restaurativa, não é, por si só, capaz de curar todas as consequências causadas por uma reportagem abusiva. Isto pois, a depender da situação, os danos vão além da destruição da imagem ou honra, chegando a consistir em sequelas físicas, psiquiátricas e econômicas.

[354] Vieira, Andrey Bruno Cavalcante, JÚNIOR, Marcos Ehrhardt. O direito de danos e a função preventiva: desafios de sua efetivação a partir da tutela inibitória em casos de colisão de direitos fundamentais. **Revista IBERC**. v. 2, n. 2, p. 01-30, mai.-ago./2019.

Assim, a tutela inibitória, enquanto instituto processual infraconstitucional, tem como escopo a imobilização de um ilícito e das suas consequências, dispensando-se, para tanto, a comprovação do dano e da culpa. Ela é plenamente aplicável para os casos em que a conduta da imprensa viole deveres contidos na lei ou na Constituição, conduta esta considerada ilícita.

A sua utilização para a defesa preventiva de direitos de privacidade não visa, porém, extirpar a liberdade de imprensa do ordenamento jurídico, mas, apenas, permitir o exercício harmônico de direitos, através do combate ao ato ilícito objeto de análise.

Conforme aduzem Sarlet, Marinoni e Mitidiero[355]:

> Ceifar de forma absoluta o direito à tutela inibitória diante da imprensa é o mesmo que afirmar franca violabilidade do direito à imagem, honra, intimidade e vida privada das pessoas, em aberto conflito à inviolabilidade outorgada pela Constituição à personalidade humana.

Muito embora se reconheça a importância do direito de imprensa, inclusive para a democracia, não há como torná-la absoluta, no sentido de ser impossível a sua restrição preventiva, uma vez que se estaria legitimando a violação do direito de privacidade em todo e qualquer caso.

Porém, para saber se a inibitória é cabível no caso envolvendo a privacidade e liberdade de imprensa, é preciso que ocorra a ponderação de direitos. A partir de tal procedimento será possível visualizar como a tutela inibitória (instrumentalizando a privacidade) pode ser utilizada de forma que o direito de imprensa não seja violado, ou seja, busca-se entender como um instrumento processual infraconstitucional pode ser compatibilizado com um direito constitucional quando conflitantes entre si.

Como dito, é através do resultado obtido da ponderação constitucional destes princípios que será possível determinar a praticabilidade da

[355] SARLET, Ingo Wolfgang, MARINONI, Luiz Guilherme. MITIDIERO, Daniel. **Curso de direito constitucional**. 7. ed. São Paulo: Saraiva Educação, 2018. p. 863.

tutela inibitória, uma vez que, devido a unicidade da constituição, não existe uma prevalência em abstrato entre direitos fundamentais[356].

O sopesamento entre os princípios citados deverá considerar as diversas circunstâncias que podem estar presentes no caso concreto. Elas deverão ser destacadas e colocadas em uma balança (critério do peso). As circunstâncias mais preponderantes, ou seja, aquelas em que darão mais peso a um dos princípios em conflito farão com que ele tenha precedência.

O direito de imprensa possui um status preferencial no nosso ordenamento, em decorrência da importância que a informação possui em um Estado Democrático de Direito. A força que a imprensa tem na formação de opinião do público requer extrema responsabilidade, pois, poderá impactar na forma como as pessoas exercem a sua cidadania, bem como na vida do indivíduo noticiado.

Por isso, alguns cuidados, já expostos neste trabalho, devem ser tomados, como o dever de diligenciar pela verdade, a presença da boa-fé e a limitação da divulgação aos fatos. A existência de ofensas, por óbvio, retira a proteção jurídica da publicação de notícias, vez que outros direitos são lesados, fato que permite a responsabilização civil pós-danos da imprensa e até a criminal.

O conteúdo da notícia também deve ser analisado, pois, existem diversas limitações constitucionais e legais sobre publicidade comercial, no sentido de proteger, por exemplo, o interesse das crianças e adolescentes ou impedir a concorrência desleal. Entram na restrição à imprensa a existência de discurso de ódio ou qualquer conteúdo segregador, independentemente de raça, religião, sexualidade, ideologia política etc.

Além disso, o interesse público da notícia é motivo para se proteger de forma mais energética a liberdade de imprensa, o que não permite a sua restrição sob a alegação de violação à privacidade dos indivíduos, principalmente se se tratar de personalidade pública.

Por sua vez, o indivíduo que recebe um cargo público ou está igualmente exposto à mídia, como os artistas, deve ter a consciência de que é

[356] HIBNER, Davi Amaral. **As tutelas dos direitos da personalidade no Código de Processo Civil.** 344 f. Dissertação (Mestrado em Direito) – Universidade Federal do Espírito Santo. Vitória, 2019. p. 169.

uma personalidade formadora de opinião. Ademais, no primeiro caso, é preciso que se comprometa com o bem comum e, evidentemente, deve agir com maior transparência do que o habitual, pois, as suas atitudes repercutem diretamente na vida dos administrados.

A privacidade de autoridades públicas é menor, mas não inexistente, o que retira, por óbvio, o interesse público de notícias que tratam sobre determinados aspectos da sua vida privada, como, por exemplo, relacionamentos.

Como afirma José Francisco Matos[357]:

> De fato, o exercício da liberdade de imprensa, conquanto se revele um dos fundamentos do Estado Democrático, não pode servir de supedâneo ao aniquilamento de outros direitos fundamentais, ou mesmo, de instrumento à violação da dignidade humana, visto que, tal qual a liberdade de imprensa, os direitos à privacidade também possuem proteção constitucional.

A privacidade é um direito ligado à essência dos indivíduos, sendo, portanto, considerado personalíssimo. Embora seja considerado constitucionalmente como inviolável, é certo que não se trata de direito absoluto, podendo ser restringido, por exemplo, em casos em que o interesse público da notícia não abusiva o faça necessário.

Dessa forma, se a notícia não for abusiva, entendida como aquela em que há ofensas, discriminações, crimes, "fake news", excessos ou inexistência de interesse público, ela deverá, em regra, prevalecer. Se, porém, for tida como abusiva, então o direito de privacidade prevalecerá, através de instrumentos processuais repressivos e preventivos.

Embora a atuação preventiva se mostre mais eficaz para tutelar este tipo de direito, ainda é entendida como algo excepcional, que somente terá lugar naqueles casos em que a repressão se torne insuficiente. Contudo, este tipo de discurso é falho, na medida em que, considerar uma indenização pecuniária suficiente para tutelar violações à privacidade é o mesmo que dizer que a tutela preventiva é inútil.

357 MATOS, José Francisco. **Proteção à privacidade e a liberdade de imprensa**. 87 f. Dissertação (Mestrado em direito) – Pontifícia Universidade Católica de São Paulo. São Paulo, 2010. p. 65.

Afinal, qual a razão de se atuar preventivamente se a tutela fornecida de forma repressiva é supostamente e igualmente eficiente? Marinoni[358] afirma que a tutela preventiva é necessária pois, se não, se retiraria dos bens fundamentais qualquer significação prática, de forma a permitir a violação de direitos e restringir a sua proteção a uma mera indenização.

Assim, muito embora se reconheça a importância da prevenção contra o ilícito, a prática nos tribunais ainda se mostra eminentemente repressiva. Os evidentes benefícios da tutela preventiva, expostos neste trabalho, permitem, neste momento, afirmar que não há lógica na manutenção de um sistema meramente indenizatório, ao passo que a tutela dos direitos levados à análise do Judiciário muitas vezes pede a uma proteção específica, e não pelo equivalente.

Como afirma Angela Araujo da Silveira Espindola[359], não existem obstáculos legislativos à tutela preventiva, mas, ao contrário, uma percepção de que o sistema normativo pátrio é simétrico e harmônico. Prova disso são as já citadas previsões constitucionais, como o inciso XXXV do artigo 5º, e o artigo 12 do Código Civil, além das medidas necessárias à efetivação das decisões, constantes no CPC.

Por isso, a resistência parte não do sistema em si, mas sim dos próprios operadores do direito, os quais não abrem mão do juízo de certeza e da "geometrização" do direito[360], erroneamente compreendidos como incompatíveis com a tutela preventiva[361].

Assim, o julgamento da ADPF nº 130 ocorreu seguindo o entendimento do Ministro relator, de forma que, além de hierarquizar o direito de imprensa, acabou por influenciar de forma negativa e desproporcional

[358] Marinoni, Luiz Guilherme. **Técnica processual e tutela dos direitos**. São Paulo: Ed. RT, 2004. p. 253.

[359] Espindola, Angela Araujo da Silveira. A tutela preventiva fundada nos princípios processuais constitucionais. **Direito & Justiça**, Porto Alegre, v. 36, n. 2, p. 111-122, jul./dez. 2010.

[360] Pensamento lógico-subjuntivo, sem margem de interpretação, derivado do racionalismo individualista-iluminista.

[361] Espindola, Angela Araujo da Silveira. A tutela preventiva fundada nos princípios processuais constitucionais. **Direito & Justiça**, Porto Alegre, v. 36, n. 2, p. 111-122, jul./dez. 2010.

o operador do direito, preocupado, apenas, com a cultura da tutela ressarcitória (reconstrução fática/probatória do passado).

A instrumentalização do direito de privacidade através da tutela inibitória impede que uma notícia abusiva cause danos ao indivíduo noticiado, o qual poderá carregar cicatrizes da violação pelo resto da vida, como foi o caso, por exemplo, da escola base e da Fabiane Maria de Jesus.

Além disso, poderá ser requerida a retirada de notícia já divulgada ou a divulgação ativa de retratação pela empresa de comunicação, na tentativa de minorar a falácia divulgada, sem prejuízo de posterior e descrente ação de danos.

Pensando em efetividade de direitos, é mais fácil a retirada da publicação por parte da empresa de comunicação do que a obtenção de uma indenização minimamente digna por parte da vítima após a ocorrência dos danos. Afinal, se erroneamente inibida, a notícia ainda poderá ser divulgada.

Dessa forma, o magistrado deverá considerar a certeza, probabilidade e risco da concessão da tutela inibitória antecipada. Cândido de Rangel Dinamarco[362] afirma que a concessão de uma tutela cautelar ou antecipada se baseia em técnicas capazes de reduzir os riscos a níveis aceitáveis e de "oferecer compensação pelos males eventualmente impostos em razão da efetivação das medidas cautelares".

Diz o autor[363] que a regra do equilíbrio é essencial no julgamento de uma tutela provisória, devendo o juiz:

> (...) sopesar os males que o demandante poderá razoavelmente sofrer em caso de denegação da medida, em confronto com os que a concessão desta poderá causar ao demandado (e conceder energicamente a medida, ou negá-la ou condicioná-la a contra-cautela, sempre com vista a esse indispensável equilíbrio).

362 DINAMARCO, Cândido Rangel. **A instrumentalidade do processo**. 14 ed. São Paulo: Malheiros, 2009. p. 309.

363 DINAMARCO, Cândido Rangel. **A instrumentalidade do processo**. 14 ed. São Paulo: Malheiros, 2009. p. 309.

Constata-se, dessa forma, que o prejuízo suportado pela publicação de notícia abusiva é mais danoso do que a abstenção imposta à imprensa pelo Poder Judiciário. Por isso, o veículo de comunicação deve se abster de publicar a notícia até o advento de decisão final exauriente ou de reforma da decisão sumária em sede recursal, uma vez que este ônus é menor do que o suportado pela pessoa noticiada.

Assim, evidencia-se a reversibilidade da decisão que concede a tutela inibitória, seja em caráter provisório ou exauriente, o que significa que a notícia inibida pode voltar a ser publicada caso a decisão seja reformada.

A ordem jurisdicional de proibir a exibição de matéria jornalística abusiva não configura censura[364], ao passo que a tutela de direitos fornecidos pelo Poder Judiciário visa a defesa e harmonização de direitos fundamentais, devendo coibir qualquer ato que viole a dignidade da pessoa humana, ainda que, para isso, deva restringir a liberdade de imprensa[365].

Destarte, o que garantirá o direito de privacidade será o cumprimento, pela empresa de comunicação, da obrigação de fazer ou não fazer constante na decisão, sob pena das consequências nela previstas, de forma que não publique notícia causadora de danos ao requerente, a fim de que o referido direito fique preservado.

Porém, o manejo da tutela inibitória sempre dependerá do direito que prevalecer no caso concreto a partir do sopesamento, uma vez que o objetivo primordial de um sistema constitucional harmônico é promover o equilíbrio de direitos fundamentais igualmente necessários.

Caso a liberdade de informação jornalística prevaleça sob a privacidade, então, o indivíduo não terá a tutela inibitória concedida, e seu uso será, apenas nessa situação, considerado inconstitucional. Nesta hipótese, a concessão de tutela inibitória constitui flagrante violação ao direito de imprensa, devendo o Poder Judiciário garantir a sua manutenção.

Entretanto, caso a privacidade prevaleça, então a tutela inibitória poderá ser concedida, de forma a restringir a liberdade de imprensa,

364 PEREIRA, Eduardo Calais. **A tutela inibitória e a efetividade do processo**. 98 f. Dissertação (Mestrado em Direito) – Universidade Federal de Minas Gerais. Belo Horizonte, 2013. p. 77.

365 DONNINI, Oduvaldo, DONNINI, Rogério Ferraz. **Imprensa livre, dano moral, dano à imagem e sua quantificação à luz do Novo Código Civil**. São Paulo: Método, 2002. p. 50.

"a fim de se evitar o ato ilícito e os danos resultantes do seu exercício abusivo"[366].

Neste caso, como o âmbito de proteção da liberdade jornalística foi reduzido, e não suprimido, não há sentido em se falar em violações, e, por consequência, em censura[367], mas, apenas, em harmonização ou compatibilização diante do caso concreto, uma vez que o resultado foi obtido através de ponderação jurisdicional preventiva e da "proteção de direito fundamental respaldada pela Constituição, pela lei civil e pelos princípios da dignidade da pessoa humana e do menor dano possível"[368].

Assim, a inibição da prática, reiteração ou continuidade do ilícito, bem como a sua remoção, importa em uma atuação preventiva do judiciário, o qual, após a ponderação realizada, combaterá o ato ilícito, considerado inconstitucional.

A tutela inibitória pode ser utilizada para impedir a veiculação de notícia inédita; suspender a notícia que continuamente é exposta; ou impedir a repetição de notícia já exposta. No caso de ato já praticado que gere efeitos concretos, a tutela de remoção deverá ser utilizada para afastá-los. Concretamente, a tutela inibitória pode ser manejada para impedir a:

> (...) circulação de livros e periódicos, suspensão da exibição de novelas, seriados ou filmes, impedimento de divulgação de certos anúncios publicitários, supressão de determinados trechos de documentários ou mesmo informes publicitários e até mesmo a apreensão de material físico que contenha vídeo, áudio ou jornais com informações danosas a direitos alheios são exemplos corriqueiros de uso dessa tutela específica[369].

[366] HIBNER, Davi Amaral. **As tutelas dos direitos da personalidade no Código de Processo Civil**. 344 f. Dissertação (Mestrado em Direito) – Universidade Federal do Espírito Santo. Vitória, 2019. p. 170.

[367] GUIMARÃES, Ricardo Duarte, BASTOS, Antonio Jose Souza. A tutela inibitória como instrumento de proteção dos direitos da personalidade. **Revista de Processo, Jurisdição e Efetividade da Justiça**. v. 1, n. 2, p. 1-37, Jul/Dez. 2015.

[368] GUIMARÃES, Ricardo Duarte, BASTOS, Antonio Jose Souza. A tutela inibitória como instrumento de proteção dos direitos da personalidade. **Revista de Processo, Jurisdição e Efetividade da Justiça**. v. 1, n. 2, p. 1-37, Jul/Dez. 2015.

[369] ARAÚJO, Francisco Marcos de. **Ponderação de bens na superação da colisão entre a liberdade de imprensa e direito à privacidade no sistema constitucional brasileiro**.

Assim, percebe-se que a tutela inibitória pode ser utilizada quando o direito à privacidade prevalecer no sopesamento de princípios fundamentais, fato que traduz a compatibilidade entre o processo civil infraconstitucional e o direito constitucional de imprensa, o que não configura censura e mantém a dignidade da pessoa humana preservada. O caráter privilegiado da liberdade de imprensa no Brasil não justifica a sua prevalência quando configurar abusividade ou excesso, devendo a vítima se valer dos meios preventivos e repressivos cabíveis para proteger o seu direito de privacidade.

352 f. Dissertação (Mestrado em Direito) – Universidade Federal do Rio Grande do Norte. Natal, 2017. p. 297.

5.

ANÁLISE DE CASOS: EXTRAÇÃO DE CRITÉRIOS CONCRETOS PARA A PONDERAÇÃO ENTRE A LIBERDADE DE IMPRENSA E O DIREITO DE PRIVACIDADE

Importa, neste momento, analisar alguns julgados envolvendo o direito de imprensa e a privacidade. Não se trata, entretanto, de uma análise completa da jurisprudência pátria, mas, tão somente, de um recorte de julgados na tentativa de identificar quais foram os critérios objetivos de julgamento em determinadas situações.

Inclusive, a seleção dos casos ocorreu a partir da análise sobre a existência de parâmetros claros de julgamento, em que as circunstâncias concretas da situação se mostraram suficientemente relevantes a ponto de influir no julgamento. A plataforma "JusBrasil" foi selecionar para pesquisar os julgados selecionados, vez que contém um vasto banco de dados relativo à jurisprudência.

Na referida plataforma, adotou-se, dentre outras, as palavras-chave "tutela inibitória", "tutela preventiva", "liberdade de imprensa", "tutela inibitória e direito de imprensa".

Observa-se que, por fim, que não foi utilizado qualquer filtro referente a tribunais ou data de julgamento, embora possível, de forma os resultados correspondem a vários Estados-membros e várias datas.

Com isso, além dos critérios teóricos encontrados em estudos sobre o tema, a pesquisa de parâmetros utilizados em casos reais se mostra de extrema relevância para auxiliar o julgamento de demandas futuras.

Assim, o estudo prosseguirá expondo estes casos julgados e explicitando o critério utilizado no julgamento.

Um primeiro caso interessante foi julgado pela justiça do Estado do Paraná, em que um veículo de comunicação teceu críticas à administração pública municipal, in verbis:

> DIREITO CIVIL E PROCESSUAL CIVIL. APELAÇÃO CÍVEL. PRETENSÃO DE EXCLUSÃO DE POSTAGEM EM BLOG - CONTEÚDO DE CUNHO JORNALÍSTICO COM CRÍTICAS À ADMINISTRAÇÃO PÚBLICA MUNICIPAL - COLISÃO ENTRE A LIBERDADE DE EXPRESSÃO E DIREITOS DE PERSONALIDADE - ABUSO DO DIREITO DE LIBERDADE DE IMPRENSA NÃO CONFIGURADO - PREPONDERÂNCIA DO INTERESSE COLETIVO NA INFORMAÇÃO - CRÍTICA DIRECIONADA À GESTÃO PÚBLICA E NÃO À PESSOA DA AUTORA DE FORMA INDIVIDUALIZADA - AUSÊNCIA DE VIOLAÇÃO AOS DIREITOS DA PERSONALIDADE. DANOS MORAIS NÃO CONFIGURADOS. SENTENÇA MANTIDA. RECURSO CONHECIDO E NÃO PROVIDO. (TJPR - Apelação Cível n° 0004919-63.2018.8.16.0104. Relator: Desembargador Renato Lopes de Paiva. Julgado em: 06/08/2021).

Depreende-se da ementa que a crítica jornalística à gestão pública não configura violação ao direito de privacidade, uma vez que, enquanto agente público, o noticiado possui a sua privacidade diminuída, em prol do interesse público contido na sua atuação.

Nesse sentido, também já se manifestou o Tribunal de Justiça do Distrito Federal e Territórios, *in verbis*:

> CONSTITUCIONAL. CIVIL E PROCESSO CIVIL. JULGAMENTO CONJUNTO. EMBARGOS DE DECLARAÇÃO E APELAÇÃO. PEDIDO DE EFEITO SUSPENSIVO NA APELAÇÃO. INDEFERIMENTO. OBSCURIDADE. INEXISTÊNCIA. MATÉRIA JORNALISTICA VEICULADA EM REVISTA ELETRÔNICA. CRÍTICAS A ATUAÇÃO PARLAMENTAR. EXERCÍCIO DE LIBERDADE DE IMPRENSA. DANO MORAL AFASTADO. MANTIDA A INTEGRIDADE DA PUBLICAÇÃO. SENTENÇA REFORMADA.
>
> 1. A decisão que indeferiu o pedido efeito suspensivo ao recurso de apelação deve prevalecer pois, não padece do vício da obscuridade apontado nos embargos de declaração.
>
> 2. A Constituição Federal elenca proteções à liberdade de imprensa e ao direito de informar que, devem ser interpretados de forma sistêmica, para que possam coexistir com outras garantias constitucionalmente previstas. Assim, necessário se faz a análise dos termos da publicação, a qual (publica-

ção) deve se ater ao direito de informar (liberdade de expressão), sem induzimento ao ódio ou ofensas.
3. Se da análise da matéria veiculada, cujo texto discorre sobre a atuação de parlamentares na aprovação de Emenda a Constituição, ainda que não espelhe com exatidão os fatos, não se verificar abuso no direito de informar e, não extrapole o exercício do direito de informação e a liberdade de imprensa, não há como prosperar os pleitos iniciais de indenização por dano moral e obrigação de fazer, referente à retirada do nome da autora dos termos da publicação, sendo devida a reforma da sentença.
4. Verificado que a matéria jornalística não extrapola o exercício da liberdade de imprensa, não há ilícito a embasar condenação a título de danos morais, nem fundamento a justificar a supressão do nome da postulante do citado texto.
6. Para a condenação do órgão de imprensa, por dano moral, faz-se imprescindível que a matéria publicada tenha conotação depreciativa. Outrossim, a parte autora, na condição de parlamentar, está sujeita a maior nível de tolerância ao escrutínio da mídia, com manifestações contrárias, pois, inerentes a atividade pública que exerce.
7. Embargos de declaração rejeitados. Apelo provido.
(TJDFT – ApCiv 0723963-26.2020.8.07.0001. Relator: Des. Josaphá Francisco Dos Santos. Julgado em: 27/09/2021) **(grifo nosso)**

Os julgados supracitados indicam um maior dever de tolerância por parte de personalidades públicas, as quais estão sujeitas a críticas, provocações e comentários indesejados, o que, ainda que incômodos, não representam abusividade da notícia ou comentário, de forma que o direito de imprensa deve prevalecer, neste caso, sobre a privacidade.

Diferente é a situação em que a personalidade pública é exposta sem qualquer interesse público, conforme o seguinte julgado do Tribunal de Justiça de São Paulo[370], *in verbis*:

[370] Disponível em: <https://jurisprudencia.s3.amazonaws.com/TJSP/IT/AC_5560904400_SP_1263923433117.pdf?AWSAccessKeyId=AKIARMMD5JEAO67SMCVA&Expires=1683915432&Signature=18rLhO378KII91Z9n0BYgPSX3Zc%3D>. Acesso em: 04 mar. 2023.

> Ação inibitória fundada em violação do direito à imagem, privacidade e intimidade de pessoas fotografadas e filmadas em posições amorosas em areia e mar espanhóis – Esfera íntima que goza de proteção absoluta, ainda que um dos personagens tenha alguma notoriedade, por não se tolerar invasão de intimidades [cenas de sexo] de artista ou apresentadora de tv – Inexistência de interesse público para se manter a ofensa aos direitos individuais fundamentais [artigos 1º, III e 5º, V e X, da CF] – Manutenção da tutela antecipada expedida no agravo de instrumento nº 472.738-4 e confirmada no julgamento do agravo de instrumento nº 488.184-4/3 – Provimento para fazer cessar a divulgação dos filmes e fotografias em websites, por não ter ocorrido consentimento para a publicação – Interpretação do art. 461, do CPC e 12 e 21, do CC, preservada a multa diária de R$ 250.000,00, para inibir transgressão ao comando de abstenção.
> (TJ-SP 556.090.4/4-00. Quarta Câmara de Direito Privado. Relator: Desembargador Carlos Teixeira Leite Filho. Julgado em 12 de junho de 2008).

Embora uma figura pública tenha maior exposição, isso não significa a inexistência de privacidade. No julgamento, ponderou a corte de São Paulo que a exposição da intimidade (cenas de sexo) de artista ou apresentadora de televisão não contém interesse público, o que ressalva o direito de imprensa, de forma que a privacidade prevaleceu, sendo concedida, inclusive, tutela inibitória para cessar a divulgação dos vídeos e fotografias.

No que diz respeito à vida íntima de personalidades públicas, a liberdade de imprensa não prevalece, configurando ilícito a exposição sem consentimento, passível de contenção preventiva.

Em casos que não envolvam personalidades públicas, a privacidade é aplicada de forma integral, a fim de evitar invasões à esfera de proteção deste direito.

Como regra, as imagens fortuitamente capturadas de transeuntes em locais públicos não configuram ofensas à privacidade, desde que formem o "cenário" da reportagem, sem qualquer interação, ofensa, desrespeito ou constrangimento[371].

[371] Disponível em: <https://www.tjdft.jus.br/institucional/imprensa/noticias/2014/julho/mera-publicacao-de-foto-em-materia-jornalistica-nao-gera-dano-moral>. Acesso em: 09 mar. 2023.

Porém, não sendo este o caso, é possível que a exposição configure abuso. Sobre o assunto, o STJ já condenou emissora de televisão ao pagamento de danos morais por violação à imagem de banhista filmada de biquíni, com insinuação sexual e sem consentimento:

> RECURSO ESPECIAL. AÇÃO DE OBRIGAÇÃO DE NÃO FAZER C.C. INDENIZAÇÃO POR DANOS MORAIS. AUSÊNCIA DE OMISSÃO NO ACÓRDÃO RECORRIDO. QUESTÕES DEVIDAMENTE APRECIADAS. JULGAMENTO ULTRA PETITA. NÃO OCORRÊNCIA. PEDIDO EXPRESSO DE IMPROCEDÊNCIA TOTAL DOS PEDIDOS FORMULADOS NA APELAÇÃO DOS RÉUS. VEICULAÇÃO DA IMAGEM DA AUTORA, ORA RECORRENTE, EM PROGRAMA DE TELEVISÃO, EM CONTEXTO DESRESPEITOSO E COM INSINUAÇÕES DE NATUREZA SEXUAL, SEM AUTORIZAÇÃO. PROGRAMA "PÂNICO NA TV". VIOLAÇÃO AOS DIREITOS DA PERSONALIDADE DA AUTORA (IMAGEM E PRIVACIDADE). DANO MORAL DEVIDAMENTE CARACTERIZADO. RECURSO PROVIDO PARCIALMENTE.
> 1. O propósito recursal é definir, a par da adequação da tutela jurisdicional prestada (omissões no acórdão recorrido e julgamento ultra petita), se a veiculação da imagem da recorrente, no programa "Pânico na TV", afrontou seus direitos da personalidade, a ensejar a condenação por danos morais.
> 2. Não houve a apontada negativa de prestação jurisdicional, pois, o Tribunal de origem analisou todas as questões suscitadas pelas partes e suficientes para o deslinde da controvérsia, inexistindo, assim, qualquer omissão no acórdão recorrido.
> 3. Havendo pedido expresso dos réus, no recurso de apelação, no sentido da improcedência total dos pedidos formulados pela autora, não há que se falar em julgamento ultra petita.
> 4. Sempre que houver agressão a algum direito da personalidade do indivíduo estará configurado o dano moral, a ensejar a devida compensação indenizatória.
> **4.1. Na hipótese, a conduta dos réus em divulgar na mídia (televisão e internet) o corpo da autora em trajes de banho, ainda que o rosto tenha sido parcialmente encoberto, sem a sua autorização, em contexto desrespeitoso e com insinuações de natureza sexual, no quadro "Vô, num vô", do programa humorístico "Pânico na TV", com fins comerciais, vio-**

> **lou o seu patrimônio moral, notadamente os direitos da personalidade concernentes à imagem e à privacidade da recorrente.**
> **4.2. O fato de a filmagem ter sido feita em local público não é suficiente para afastar, no caso concreto, o reconhecimento do dano moral. Isso porque não foram feitas imagens gerais da praia em que a recorrente estava, mas, sim, na verdade, o propósito da filmagem foi justamente o de explorar a imagem da recorrente, no contexto do respectivo quadro humorístico, em que os repórteres avaliavam os atributos físicos das mulheres, a fim de justificar a entrega do adesivo "Vô" ou "Num vô", a revelar a existência de dano moral indenizável, independentemente de qualquer prejuízo, nos termos do que proclama a Súmula n. 403/STJ.**
> **4.3. A liberdade de imprensa não pode servir de escusa a tamanha invasão na privacidade do indivíduo, impondo-lhe, além da violação de seu direito de imagem, uma situação de absoluto constrangimento e humilhação.**
> **4.4. Tal o quadro delineado, é de rigor a condenação dos réus em indenização por danos morais, fixada no valor de R$ 20.000,00 (vinte mil reais), com juros de mora a partir da data do evento danoso, e correção monetária a partir deste julgamento, além da obrigação inibitória fixada na sentença.**
> 5. Recurso especial parcialmente provido.
> (STJ – Resp nº 1.728.040/SP. Relator: Marco Aurélio Bellizze. DJE: 21/09/2018) **(grifo nosso)**

Com isso, o consentimento da vítima e a ausência de ofensas na reportagem se mostram como possíveis parâmetros para o exercício regular da liberdade de imprensa, uma vez que representam a cautela que o jornalista deve tomar ao lidar com a privacidade alheia.

A notícia, por sinal, deve se restringir aos indivíduos envolvidos com os fatos, sob pena de se tornar ilícita, conforme entendimento do Tribunal de Justiça do Estado do Rio Grande do Sul, o qual considerou abusivo o exercício do direito de imprensa em reportagem que expõe a imagem da filha da pessoa noticiada, a qual não possuía qualquer relação com os fatos, in verbis:

APELAÇÃO CÍVEL. SUBCLASSE RESPONSABILIDADE CIVIL. AÇÃO INDENIZATÓRIA. VEICULAÇÃO DE REPORTAGEM TELEVISIVA COM IMAGEM DA AUTORA AO FINAL. ATO ILÍCITO E DANO MORAL CONFIGURADOS.
1. Ainda que não reste dúvidas de que a liberdade de expressão e informação, mediante a qual é possível noticiar fatos de interesse coletivo e expressar opiniões, consista em alicerce de um regime democrático de direito, tanto que seu valor está lapidado na Constituição Federal (art. 5°, incisos IV e XIV), também não restam dúvidas de que essa liberdade de informar deve ser exercida de forma responsável, dentro dos limites legais, a fim, sobretudo, de preservar outros direitos fundamentais consagrados na mesma ordem constitucional (art. 5°, inciso X), como são os direitos da personalidade (inviolabilidade da intimidade, da vida privada, da honra e da imagem, dentre outros).
2. Inexistem direitos fundamentais absolutos, por mais importantes que sejam – como o é a liberdade de imprensa. Assim, é necessário fazer conviver direitos fundamentais, quando eventualmente colidam. A maneira adequada de garantir essa convivência passa pela chamada concordância prática, ou seja, quando ocorrem colisão de direitos fundamentais (no caso, entre a liberdade de imprensa e os direitos do adolescente de não ser associado à prática de delitos, diante dos entraves que isso acarreta ao livre desenvolvimento de sua personalidade), deve-se procurar soluções em que ambos os direitos sejam garantidos, na medida em que isso seja possível, com proporcionais limitações ao exercício de cada um.
3. Caso em que a ré veiculou imagens da autora em reportagem sobre fatos ilícitos imputados à sua mãe (prática de curandeirismo e estelionato), sem que com eles a demandante tivesse qualquer relação.
4. A violação ao direito à imagem constitui, por si só, um dano autônomo, independentemente de eventual dor, sofrimento, angústia, humilhação, ou qualquer outro sentimento anímico relacionado aos danos morais puros ou subjetivos. Ou seja, para se proteger o direito à imagem, enquanto direito fundamental e de personalidade, não é necessário que se tenha violado, concomitantemente, outro direito (à honra ou à privacidade, por exemplo).
5. A Constituição federal reputa o direito à imagem como sendo inviolável (art. 5º, inc. X), e proteção à imagem é fornecida abundantemente pelo legislador ordinário, bem como pela doutrina e pela jurisprudência. Cabe a

cada um decidir se, quando e de que forma quer ver suas imagens divulgadas, em exercício pleno da autonomia da vontade.
6. Caso em que a veiculação da imagem da autora ao final da reportagem era desnecessária à transmissão da informação objeto da reportagem. Abuso no exercício do direito de informar. Dano moral, por sua vez, decorrente da violação em si do direito à imagem.
5. *Quantum* indenizatório fixado, nas particularidades do caso, em R$ 4.000,00, tido como razoável para reparar o dano sem causar enriquecimento indevido à vítima.
APELAÇÃO PROVIDA EM PARTE.
(TJRS. Apelação Cível Nº 70078253416. Nº CNJ: 0190553-67.2018.8.21.7000. Relator: Eugênio Facchini Neto. 9º Câmara Cível. Julgado em: 29/08/2018) **(grifo nosso)**

No caso, a exposição da filha não guardou qualquer relação com os fatos narrados, sendo prescindível a sua exposição para a divulgação da notícia, o que constituiu, em verdade, em abuso.

Extrai-se deste julgado o critério da pessoalidade, o qual deriva do interesse público, em que apenas as pessoas diretamente envolvidas com os fatos noticiados poderão ser expostas, considerando os estritos limites do interesse público da informação e dos fatos.

Desrespeitar o referido critério importa na violação à honra e imagem da pessoa exposta, afinal, qual o motivo de expor outros indivíduos que não estão relacionadas com os fatos?

Ademais, o meio de obtenção da informação também pode ser determinante para a abusividade da notícia, conforme decisão do Supremo Tribunal Federal:

Agravos regimentais em recursos extraordinários. Recursos submetidos ao regime do CPC/73. Agravo regimental interposto por Infoglobo Comunicações Ltda. e outros. Intempestividade. Agravo regimental interposto por Globo Comunicação e Participações S/A e outros. Direito Constitucional. Liberdade de imprensa. Divulgação de conversas gravadas obtidas por meio de interceptação telefônica. Suposta colisão entre a garantia da liberdade de expressão e comunicação e o direito à inviolabilidade da intimidade e da

vida privada. Utilização de informações sigilosas obtidas por meios ilícitos. Impossibilidade.
1. Infoglobo Comunicações Ltda. não observou o prazo cinco dias previsto no art. 317 do Regimento Interno do Supremo Tribunal Federal quando da interposição de seu agravo.
2. Possibilidade de empresa jornalística publicar conversas telefônicas interceptadas e gravadas clandestinamente por terceiros, as quais foram mantidas entre o agravado e outras pessoas, a cujo conteúdo a empresa teve acesso.
3. A liberdade de informação jornalística se justifica em razão do direito dos indivíduos a uma informação correta e imparcial, ao direito de ser informado, desempenhando a referida garantia uma função social ímpar, motivo pelo qual deve ser exercitada de forma livre e desembaraçada.
4. Muito embora nossa Magna Carta traga garantias assecuratórias da liberdade de informação jornalística, ela elenca também as balizas ao exercício dessa liberdade, no § 1º do art. 220, que enumera as normas prescritas no próprio texto constitucional, no art. 5º, incisos IV, V, X, XIII e XIV (livre manifestação do pensamento e vedação ao anonimato;, direito de resposta; possibilidade de indenização por dano à imagem; respeito à intimidade, à vida privada, à honra e à imagem das pessoas; livre exercício de trabalho, ofício ou profissão; direito de acesso à informação e garantia de sigilo da fonte quando necessário ao exercício profissional).
5. Consignou-se, no acórdão recorrido, que a informação em questão, objeto do pedido de impedimento de divulgação, foi obtida mediante a prática de ilícito penal, por interceptação telefônica sem autorização dos interlocutores, em flagrante desrespeito ao direito à intimidade e ao sigilo das comunicações telefônicas. Vê-se, portanto, que não se trata de hipótese habitual de confronto entre liberdade de informação e direitos da personalidade.
6. O controle judicial perpetrado na origem não constituiu censura prévia à informação, mas apenas garantiu que fosse assegurado o sigilo das comunicações telefônicas, uma vez verificada ofensa à liberdade de comunicação alheia. Assim, o cerne da questão posta nos autos não está concentrado na proibição de divulgação das informações e na liberdade de imprensa, bem como na inviolabilidade à intimidade, mas sim na ilicitude perpetrada quando da obtenção do produto objeto da notícia.

> **7. A liberdade de informação jornalística não legitima a utilização de informações sigilosas obtidas por meios ilícitos.**
> 8. Agravo regimental interposto por Infoglobo Comunicações Ltda. do qual não se conhece.
> 9 Agravo regimental interposto por Globo Comunicação e Participações S/A ao qual se nega provimento.
> (STF – RE 638360 AgR RJ. Relator: Ministro Dias Toffoli. Data de julgamento: 28/05/2020) **(grifo nosso)**

O critério a ser observado no presente caso é justificável, pois, não se admite a prática de crimes ou a violação de sigilo para a divulgação de notícia. Assim, o meio de obtenção da informação se mostra como parâmetro razoável para se verificar a ocorrência de abusividade por parte do veículo de comunicação.

O sigilo de informações e processos é estabelecido conforme o interesse das partes ou da segurança nacional, a depender do caso. A restrição do acesso à informação nestes casos não representa ofensa ao princípio da publicidade, mas, ao contrário, configura uma exceção.

Há outros casos em que os interesses envolvidos exigem sigilo, como ocorre nas situações que envolvem crianças e adolescentes. A sistemática de proteção estabelecida pelo Estatuto da Criança e Adolescente e as políticas públicas executadas pelo aparato estatal, como as instituições de assistência social e conselhos tutelares, evidenciam que a atenção voltada a este público deve ser maior, tendo em vista a busca pela promoção de um desenvolvimento integral.

Dessa forma, a identificação de menor infrator, ainda que se atendo aos estritos limites da divulgação dos fatos, configura abuso do direito de imprensa, por violação à referida sistemática de proteção ao menor, conforme a seguinte ementa:

> DIREITO CIVIL E CONSTITUCIONAL. LIBERDADE DE IMPRENSA. DIREITOS DA PERSONALIDADE. COLISÃO DE DIREITOS FUNDAMENTAIS. PONDERAÇÃO. MENOR DE IDADE. ARTIGO 143 DO ESTATUTO DA CRIANÇA E ADOLESCENTE. VEDAÇÃO À IDENTIFICAÇÃO DO MENOR. DIREITO PERSONALÍSSIMO À PRESERVAÇÃO

DA IMAGEM. DANO MORAL À GENITORA. AUSÊNCIA DE COMPROVAÇÃO. NÃO CONFIGURADO. RECURSO PROVIDO.
1. Frente à colisão entre direitos fundamentais, intimidade e imagem de um lado e liberdade de imprensa de outro, merecem ser prestigiados os direitos que, nas circunstâncias valoradas, ostentem maior interesse público e social.
2. Resta devidamente caracterizado que o veículo de imprensa ultrapassou o exercício do direito de informação que lhe cabia quando noticiou a imagem de menor, sua identificação completa e sua ligação à prática de delito criminal, infringindo a legislação protetiva dos direitos da criança e adolescente e cometendo ato ilícito.
3. "Ninguém pode pleitear, em nome próprio, direito alheio, salvo quando autorizado por lei" (CPC Artigo 18).
4. O fato de ter a reportagem causado prejuízo a imagem do menor, por si só, não afronta os direitos de personalidade de sua genitora, ao ponto de acarretar em ofensa moral passível de reparação. A tutela jurisdicional deve se ater aos fundamentos da causa de pedir.
5. Recurso conhecido e provido. Sentença reformada.
(TJDFT – APELAÇÃO 0737174-37.2017.8.07.0001. Relator: Desembargador CARLOS RODRIGUES. 6ª Turma Cível. Julgado em: 29/08/2018).

Logo, ante o interesse público da preservação da privacidade do menor, a sua exposição frente à mídia se torna abusiva.

Da mesma forma, carece de interesse público a exposição de suspeito preso para fins de entretenimento, bem como os comentários ofensivos proferidos por apresentadores de programas sensacionalistas de televisão. Neste sentido, o Tribunal de Justiça do Estado do Rio Grande do Sul[372] condenou emissora de televisão e apresentador de programa televisivo por ofensas verbais praticadas ao noticiar prisão em flagrante de suspeito, conforme exposto:

RESPONSABILIDADE CIVIL. PROGRAMA "BALANÇO GERAL". COMENTÁRIOS SENSACIONALISTAS SOBRE A PRISÃO EM FLAGRANTE DO AUTOR. OFENSA À HONRA. ABUSO NO EXERCÍCIO

[372] Disponível em: <https://www.conjur.com.br/dl/tj-rs-mantem-sentenca-condenou7.pdf>. Acesso em: 09 mar. 2023.

> DA LIBERDADE DE EXPRESSÃO. DEVER DE INDENIZAR DANOS MORAIS CONFIGURADO.
> O exercício da liberdade de expressão não é absoluto, sendo inadmissíveis as manifestações abusivas que violem a privacidade das pessoas. Assim, um veículo de comunicação, ao publicar opiniões, deve ter o cuidado de não violar o direito de imagem das pessoas. Caso em que o apresentador do Programa de TV "Balanço Geral", ao noticiar a prisão em flagrante do autor, emitiu opinião e fez comentários pejorativos e sensacionalistas a respeito do requerente, chamando-o de "traficante e vagabundo". Conduta que se caracterizou como abuso no exercício da liberdade de expressão. Dano morais configurados in re ipsa, consistentes na ofensa à honra do demandante. Montante indenizatório mantido em R$5.000,00 (cinco mil reais), considerando-se valores arbitrados em causas análogas e as particularidades do caso concreto. APELAÇÕES DESPROVIDAS. (TJRS – Apelação Cível nº 70069168789 – CNJ: 0127072-04.2016.8.21.7000. Relator: Desembargador Túlio de Oliveira Martins. Décima Câmara Cível. Julgado em: 03/11/2016)

Como dito, as práticas ofensivas à imagem e honra de um indivíduo retiram o interesse público da notícia, de forma que configura abuso da liberdade de imprensa. Com o abuso, o direito de privacidade é passível de sofrer danos.

A identificação de situações em que uma empresa de comunicação seria condenada a uma indenização pecuniária pode ser uma forma de viabilizar a tutela inibitória. Afinal, em ambas as tutelas se exige a ocorrência de abuso da liberdade comunicativa, a qual configura o dano no primeiro caso e ilícito no segundo.

Se, por exemplo, em determinada situação, a justiça condena uma empresa de comunicação a indenização por danos morais, a qual pressupõe a prática de dano proveniente de ato ilícito, então qual a razão para se proibir, em situações semelhantes, a tutela inibitória para impedir a ocorrência dos mesmos danos?

Por sorte, parcela da jurisprudência pátria admite a tutela preventiva do direito de privacidade, ainda que em detrimento do direito de imprensa, conforme o seguinte julgado:

> APELAÇÃO. RESPONSABILIDADE CIVIL. REPORTAGEM JORNALÍSTICA. CONFLITO DE PRINCÍPIOS. DIREITO A LIBERDADE DE PENSAMENTO. DIREITO A PROTEÇÃO À IMAGEM, HONRA, INTIMIDADE. PONDERAÇÃO DE INTERESSES. NOTÍCIA VEICULADA COM EXCESSO. OFENSA PERPETRADA. DANO MORAL CONFIGURADO. INDENIZAÇÃO DEVIDA. MEDIDAS INIBITÓRIAS. CABIMENTO. O conflito entre princípios deve ser resolvido pela aplicação da técnica de ponderação de interesses de Robert Alexy, a qual preleciona que, em juízo de ponderação, deve prevalecer o princípio que melhor tutelar a dignidade da pessoa humana, tendo em vista as particularidades do caso em concreto. Em se tratando de conflito entre princípios de envergadura constitucional, como o da liberdade de pensamento e o da proteção à imagem, honra e intimidade, originário de publicação de reportagem jornalística, deve-se aferir se aquele foi exercido com excesso ou abuso, de modo a configurar calúnia, injuria ou difamação. Não havendo tal configuração, ou seja, se a reportagem se limitou a informar, cingindo-se ao interesse jornalístico, em decorrência do legítimo exercício do dever de informar, deve ser reconhecido prevalência desse em detrimento daqueles, não se configurando a prática de ato ilícito. **Sendo a reponsabilidade em discussão de cunho extracontratual, necessário à constatação da presença dos quatro requisitos inerentes ao surgimento do dever de indenizar para que a parte ré seja condenada a tanto, quais sejam: do dano, a culpa, o ato ilícito e o nexo de causalidade. No caso, houve a satisfação de todos os requisitos em comento, pelo que deve a parte ré ser condenação a solver a indenização pretendida. O deferimento de medidas inibitórias com o fito de evitar a perpetuação da lesão imaterial ou sua renovação é adequado e deve se imposto ao ofensor.** (TJMG – Apelação Cível 1.0000.20.538460-5/001. Relator: Des. Amauri Pinto Ferreira. 17ª Câmara Cível. Julgado em: 04/12/2020) **(grifo nosso)**

Assim, um outro parâmetro que pode se mostrar útil à ponderação de princípios é a existência de "danos virtuais/potenciais", ou seja, analisa-se o pedido inibitório sob uma perspectiva sumária do pleito indenizatório, tendo em vista a dificuldade prática da jurisprudência em conceder a tutela inibitória em face da liberdade de imprensa. Explico: o magistrado, ao se deparar com uma ação inibitória, deve analisar o pedido como se os temidos danos tivessem efetivamente ocorrido (daí o nome "danos virtuais/potenciais"). Assim, ao invés de analisar a tutela inibitória, o objeto de discussão seria o fictício cabimento de uma indenização em decorrência de notícia abusiva, a partir de uma análise sumária. Com isso, se, diante da situação e das circunstâncias, o pleito ressarcitório fosse concedido, ou seja, o réu fosse condenado a ressarcir os hipotéticos danos causados, então o pedido real de tutela inibitória também o será.

A referida estratégia visa burlar a resistência em deferir a tutela inibitória em face do direito de imprensa, além de servir como justificativa para a sua concessão, embora seja passível de críticas. Afinal, a análise sumária da tutela repressiva retira a segurança existente no estudo aprofundado sobre as provas do caso. Porém, tendo em vista que o CPC dispensou a demonstração de culpa e danos para a concessão da tutela inibitória (art. 497, parágrafo único), o critério proposto se mostra como viável.

Assim, em uma situação em que o teor da notícia se revela abusiva, o vislumbre de uma possível condenação (virtual) por danos morais, a partir de uma análise sumária, permitiria também a concessão da tutela inibitória, a fim de impedir a efetiva ocorrência de danos. A recíproca, inclusive, é verdadeira, ou seja, na mesma situação, o cabimento da tutela inibitória justificaria a imposição de indenização, desde que os danos se efetivassem.

Outra questão interessante diz respeito sobre a obrigatoriedade do fornecimento do direito de resposta por parte do jornal antes da divulgação da notícia. Isto, pois, a Constituição garantiu o direito de resposta no art. 5º, V[373], mas a título repressivo. Sobre o assunto, o TJDFT já decidiu que o direito de resposta é obrigatório ainda que a notícia não seja abusiva, conforme a seguinte ementa:

> LEI DE IMPRENSA. DIREITO DE RESPOSTA. ART. 29 DA LEI 5.250/67. MATÉRIA PUBLICADA EM MÍDIA IMPRESSA (JORNAL) DA QUAL SE EXTRAI REFERÊNCIA A DEPOIMENTOS PRESTADOS POR DELEGADO DA POLÍCIA FEDERAL EM CPI NO ÂMBITO DO SENADO FEDERAL. CONTEXTO EM QUE SE INFERE A EXISTÊNCIA DE

[373] Art. 5º. V – é assegurado o direito de resposta, proporcional ao agravo, além da indenização por dano material, moral ou à imagem. BRASIL. **Constituição da República Federativa do Brasil de 1988**. Diário Oficial da União: 05 out. 1988.

ACUSAÇÃO À AUTORA/RECORRENTE, AINDA QUE O ÓRGÃO DE IMPRENSA CONSIGNE TRATAR-SE DE EXERCÍCIO DE SEU MISTER, DESENVOLVIDO COM ANIMUS NARRANDI. AUSÊNCIA DE OITIVA PRÉVIA DA PARTE DIRETAMENTE INTERESSADA NO CONTEÚDO DA MATÉRIA JORNALÍSTICA, COM REFERÊNCIAS À PRÁTICA DE SUPOSTOS CRIMES, EM RAZÃO DOS QUAIS SEQUER HÁ PROCESSO PENAL INSTAURADO, TENDO POR SUJEITO INVESTIGADO A AUTORA/RECORRENTE. COMPROMISSO DO JORNALISTA COM A ISENÇÃO E DIREITO À INFORMAÇÃO QUE NÃO SE COMPATIBILIZA COM VERSÃO UNILATERAL DOS "FATOS" PUBLICADOS, OBJETO DE INVESTIGAÇÃO EM SEDE POLICIAL, SOBRE O QUAL INEXISTE "VERDADE" FORMALMENTE ESTABELECIDA. CÓDIGO DE ÉTICA JORNALÍSTICA (ART. 12). NÃO TENDO SIDO DADA A OPORTUNIDADE DE MANIFESTAÇÃO PRÉVIA À PARTE "ACUSADA", CUJA VERSÃO DOS FATOS DEVERIA CONSTAR DA PRÓPRIA MATÉRIA PUBLICADA, ASSISTE ÀQUELA O DIREITO DE RESPOSTA VINDICADO. HARMONIZAÇÃO DO ART. 29 DA LEI DE IMPRENSA (QUE CONTÉM DIVERSOS DISPOSITIVOS AFASTADOS PELO PRETÓRIO EXCELSO, IN LIMINE, DA ORDEM JURÍDICA - ADPF 130) E DO PRÓPRIO DIREITO DE RESPOSTA CONSTITUCIONALMENTE ASSEGURADO (ART. 5º, INCISO V), COM OS DEMAIS POSTULADOS CONSTITUCIONAIS, TAIS A DIGNIDADE DA PESSOA HUMANA (ART. 1º, INCISO III, DA CONSTITUIÇÃO DA REPÚBLICA), A INVIOLABILIDADE DA HONRA E DA IMAGEM (ART. 5º, INCISO X) E O PRINCÍPIO DA PRESUNÇÃO DE INOCÊNCIA (ART. 5, INCISO LVII). **MESMO QUE DA REPORTAGEM NÃO SE EXTRAIA A CONFIGURAÇÃO DE ABUSO CAPAZ DE ENSEJAR REPARAÇÃO INDENIZATÓRIA POR DANOS MORAIS OU A INCIDÊNCIA DE QUALQUER TIPO PENAL DOS CRIMES CONTRA A HONRA, PODE SER DEVIDO, E NO CASO O É, O DIREITO DE RESPOSTA, PORQUE OBSERVADA CONDUTA JORNALÍSTICA DISTOANTE DA PRÓPRIA ÉTICA QUE INFORMA A PROFISSÃO, QUAL SEJA, A NÃO OUVIDA DA PESSOA ATINGIDA PELA MATÉRIA, DE MODO QUE ESTA PUDESSE SE CONTRAPOR AOS ARGUMENTOS LEVADOS À PUBLICAÇÃO.** SENTENÇA QUE MERECE REFORMA PARA O FIM DE ASSEGURAR À RECORRENTE O DIREITO DE RESPOSTA POSTULADO.

(Acórdão n. 333148, 20070111061129APJ, Relator ROMULO DE ARAUJO MENDES, 2ª Turma Recursal dos Juizados Especiais do Distrito Federal, julgado em 07/10/2008, DJ 28/11/2008 p. 113). **(grifo nosso)**

Assim, conforme se extrai do julgado e do próprio texto constitucional, além da indenização pecuniária, a vítima agravada possui direito proporcional de resposta, medida essencial para a mitigação de danos.

O dever de a empresa de comunicação procurar o noticiado para apresentar sua versão se mostra como uma cautela razoável a depender do caso, principalmente quando se tratar da divulgação de crimes, acusações ou ofensas, pois, desmente a notícia que é falsa e contribui para a obtenção da verdade.

Por isso, a tutela inibitória pode também ser utilizada para que a imprensa seja compelida a se inibir de publicar a reportagem até que providencie o direito de resposta, principalmente se for o caso de flagrante abuso.

Ante o exposto, merecem ser compilados os critérios de julgamento já conhecidos pela doutrina[374] e os extraídos da supracitada análise de casos e de toda a pesquisa, de forma a facilitar a visualização:

1) Dever de diligenciar pela verdade: o jornalista deve ter cautela na divulgação da notícia, de forma a verificar a veracidade dos fatos, conferindo dados, oportunizando o contraditório, tomando depoimento de testemunhas. O profissional deve realizar um juízo de plausibilidade sobre o teor dos fatos. A negligência deste critério pode ensejar a responsabilização da imprensa.
2) Licitude do meio empregado: não se admite a obtenção de informação através de meio ilícito, como a violação de sigilo profissional, de comunicação ou processual, emprego de violência, ou mediante a prática de qualquer outro crime. O respeito às legislações se faz necessário para o regular exercício do direito de

374 BARROSO, Luís Roberto. Colisão entre liberdade de expressão e direitos da personalidade. Critérios de ponderação. Interpretação constitucionalmente adequada do código civil e da lei de imprensa. **Revista de Direito Administrativo**. Rio de Janeiro, 235. 1-36. Jan./Mar. 2004.

imprensa, devendo o veículo de comunicação atender, inclusive, a lei de proteção de dados.

3) Personalidade pública: as personalidades públicas estão mais expostas à mídia e, por isso, possuem o direito de privacidade reduzido, o que não significa que ele é inexistente. Em razão disso, estão suscetíveis a maiores críticas e comentários indesejados, o que não importa em violação principalmente quando envolver a gestão pública.
4) Local do fato: o local em que o fato divulgado ocorreu pode influenciar no grau de privacidade. Por exemplo, um fato ocorrido em local público é menos reservado do que o ocorrido no interior de uma residência particular.
5) Natureza do fato: a depender do assunto, verifica-se uma maior ou menor publicidade. Casos envolvendo catástrofes públicas ou crimes, por exemplo, possuem interesse público, o que justifica, de forma geral, a redução do direito de privacidade.
6) Interesse público: o interesse público da notícia se mostra como a maior justificativa para ressalvar o direito de privacidade, devido a informação ser socialmente relevante. O direito de informar influencia na forma como o público exerce a cidadania e, por isso, merece ser mantido na forma mais efetiva possível. Determinadas situações, entretanto, carecem de utilidade pública, devendo a divulgação, assim, ser restrita, como ocorre nos casos em que famosos são filmados em momentos de intimidade ou que a imagem de suspeito é exposta para fins de ridicularizarão ou entretenimento. Esta última situação diz respeito à exposição abusiva, vez que, evidentemente, a exposição de imagem de suspeito perigoso foragido contém interesse público. Além disso, determinadas informações carecem de interesse público por dizerem respeito à privacidade do indivíduo, as quais são tuteladas, inclusive, pela legislação de proteção de dados.
7) Preferência por sanções a posteriori, que não importem em restrição prévia da publicação: este é o critério mais polêmico, pois, decorre do status mais elevado das liberdades comunicativas, considerando o interesse público da informação e o Estado Democrático de Direito. Como regra, não é possível o juiz impedir

previamente a publicação de notícia. Porém, a preferência por sanções a posteriori não impede a tutela preventiva de direitos, mormente quando se tratar do abuso do direito de imprensa.

8) Danos virtuais/potenciais: especificamente em relação ao direito de privacidade, é preciso que se desconstrua o pensamento de que a sua violação é ressarcível. Isto pois, a inexistência de conteúdo patrimonial retira a efetividade da tutela repressiva, principalmente pois, esta categoria de direitos requer a tutela específica para ser integralmente protegida. Assim, a proposta deste critério é facilitar a concessão da tutela preventiva do direito de privacidade em face do direito de imprensa, através da análise da tutela inibitória sob uma perspectiva da reparação de danos. É sabido que a prova do dano não é exigível para a concessão da inibitória, embora, na prática, ainda seja um elemento que é exigível. Por isso, o operador do direito deve imaginar as consequências da notícia ilícita, ou seja, os resultados danosos produzidos pela sua publicação. Se a análise do caso induzir ao resultado "ocorrência de danos" ou "condenação por danos", então o pleito inibitório será concedido, pois, estará amparado em um resultado alternativo equivalente. Em outras palavras, caso existam danos potenciais, chamados de "danos virtuais", justifica-se a concessão da tutela preventiva do direito da privacidade. Assim, os casos em que foram impostas às empresas de comunicações indenizações por ofensas ao direito da privacidade permitiram, alternativamente, a concessão de tutela inibitória, vez que está presente o abuso da liberdade de imprensa.

9) Consentimento da vítima ou a própria vítima expõe a sua intimidade: este critério visa atender à máxima "venire contra factum proprium", ou seja, impedir a ocorrência de comportamento contraditório. É certo que os próprios indivíduos podem ceder parcela da sua privacidade voluntariamente através, por exemplo, de postagens em redes sociais. Em relação ao direito de imprensa, a participação em reportagem ou entrevista importa em consentimento expresso ou tácito, e gera o direito à empresa de comunicação de utilizar a imagem e as declarações obtidas. Não pode o indivíduo, após participar de entrevista, pleitear indenização sob a

justificativa de não ter consentido com a utilização da sua imagem, vez que a participação voluntária importa em concessão. Ademais, a própria pessoa é responsável por suas declarações, de forma que, caso passe vergonha por questões de nervosismo, por exemplo, a imprensa não possui qualquer responsabilidade.

10) Direito de resposta: o direito de resposta pode se mostrar como saneador à abusividade da notícia, principalmente se envolver acusações ou "fake news". A tutela inibitória, inclusive, pode ser manejada para impedir a divulgação da notícia até que a resposta seja exercida.

11) Conteúdo da notícia: a presença de ofensas, desrespeito, constrangimentos ou discursos de ódio retira a proteção constitucional da imprensa. A notícia deve se ater apenas à divulgação dos fatos, sem conter qualquer juízo de valor ou comentário. Por exemplo, caso a reportagem seja promovida com fins de entretenimento, envolvendo suspeitos detidos, o direito de privacidade deve prevalecer. A forma como a notícia foi divulgada também pode torná-la abusiva. A depender do caso, é possível que os termos e expressões utilizados desfigurem a finalidade informativa, consistindo, ao contrário, em meras ofensas. Por fim, o conteúdo da informação pode repercutir de formas diferentes, caso seja promovida por profissional do jornalismo ou não. Isto pois, em regra, a seriedade, confiabilidade e alcance dos veículos de comunicação profissional são maiores do que comentários e opiniões de personalidades públicas, como artistas, autoridade públicas e influenciadores digitais, em que não possuem o mesmo grau de responsabilidade e são protegidos pela liberdade de expressão. Assim, uma reportagem, por ser elaborada com mais cautela, mediante o emprego de recursos técnicos, como de marketing e jurídico, é potencialmente mais danosa do que um mero comentário feito sem o mesmo cuidado.

12) Pessoalidade: Apenas as pessoas diretamente envolvidas com os fatos noticiados poderão ser expostas, considerando os estritos limites do interesse público da informação e dos fatos.

13) Presença de criança ou adolescente e outras restrições relacionadas à publicidade: as restrições à publicidade devem ser rigidamente atendidas, sob pena das responsabilidades legais, como a

> imposição de multa. A finalidade visa atender interesses públicos, como a saúde, educação e segurança. Por isso, a correta divulgação de propagandas sobre bebidas alcoólicas, tabaco, medicamentos, agrotóxicos, além da correta indicação de faixa etária de espetáculos, deve ser considerada para verificar a ocorrência de violação dos direitos da privacidade. Isto, pois, uma propaganda pode causar danos à imagem de um indivíduo ou de determinada categoria da sociedade. No primeiro caso, por exemplo, através do uso sem consentimento da imagem para fins comerciais e, no segundo, por meio de propaganda que contenha sexualização dos profissionais da enfermagem[375]. Em qualquer caso, a identificação e divulgação de imagem de menor de idade justifica a adoção de medidas processuais preventivas e repressivas para a proteção deste público, vez que a notícia carece de interesse público.

A partir dos critérios expostos, buscou-se identificar as circunstâncias que influenciam a ponderação entre o direito de privacidade e a liberdade de imprensa. A presença de um ou mais critérios, a partir do peso de cada um no caso concreto, auxilia na tomada de decisão sobre qual direito deve prevalecer.

Prevalecendo o direito de privacidade, a pessoa noticiada pode se valer dos instrumentos processuais de proteção de direitos. Caso a notícia já tenha sido publicada e existentes os elementos tradicionais da responsabilidade civil, a tutela repressiva pode ser utilizada para tentar diminuir os prejuízos sofridos, através da imposição de uma indenização de danos.

Porém, devido a inexistência de conteúdo patrimonial, a privacidade é mais útil ao seu titular se não for violada. Por isso, a tutela preventiva é mais adequada para a sua proteção, vez que, além da possibilidade de ser manejada antes mesmo da publicação da notícia abusiva, fornece a tutela específica de direitos e dispensa a comprovação de danos.

Assim, a tutela inibitória se mostra, neste caso, como o meio processual mais adequado para impedir a publicação de notícia violadora da privacidade da vítima, a qual, pensando na eficácia dos direitos funda-

[375] Disponível em: <http://www.coren-ba.gov.br/mp-aciona-boate-que-veiculou-propaganda-ofensiva-a-enfermagem_50518.html>. Acesso em: 13 mar.2023.

mentais, não pode ser substituída por uma prestação pecuniária a título de equivalência.

Além disso, não se trata de censura ou violação ao direito de comunicação, pois, a pretexto de reduzir o âmbito de aplicação da liberdade de imprensa, o Poder Judiciário ampara direitos igualmente fundamentais, sendo esta a sua função precípua.

Tendo em vista a inexistência de hierarquia normativa entre os princípios constitucionais, cada direito fundamental se mostra como baliza recíproca, de forma que a resolução do conflito normativo constitucional ocorra através da ponderação de direitos no caso concreto.

Dessa forma, em se tratando da instrumentalização do direito da privacidade e pressupondo a existência de abuso por parte da imprensa, o manuseio da tutela inibitória é compatível com o direito de imprensa.

CONCLUSÕES

Ante o exposto, conclui-se que os direitos de privacidade e imprensa são essenciais para o desenvolvimento da nação brasileira. Enquanto direitos fundamentais, emanam um "mandamento de otimização", o que os torna uma norma principiológica, além de serem igualmente importantes para o exercício da cidadania e da dignidade da pessoa humana.

Enquanto a liberdade de imprensa promove a circulação de informações independentemente de qualquer restrição estatal prévia, o direito de privacidade garante que ninguém se intrometerá em certos aspectos da vida do indivíduo.

Cada um possui o seu marco histórico de conquista e peculiaridades, o que os leva a possuir alcances e limitações determinados.

Caso estejam presentes simultaneamente em determinada situação, de forma que defendam juízos opostos, ocorre o chamado conflito normativo de princípios fundamentais. Porém, tal impasse pode ser resolvido através da ponderação de direitos fundamentais, também chamada de sopesamento, a fim de promover um sistema constitucional harmônico e sem conflitos.

O primeiro aspecto a ser levado em consideração na ponderação, talvez o mais importante, é que nenhum direito fundamental é absoluto. A Constituição Federal não hierarquizou os direitos por qualquer razão. Tal como a repartição de poderes, em que cada função do Estado exerce um controle sobre as outras, cada direito fundamental exerce o controle sobre os outros, de forma que haja um equilíbrio. Permitir a absolutização de um direito é o mesmo que esvaziar o conteúdo normativo dos demais.

Um segundo aspecto relevante, para fins de sopesamento de direitos fundamentais, consiste na importância que o caso concreto possui.

Quem determina a prevalência do direito são as circunstâncias do caso, uma vez que, no Brasil, o critério adotado foi o da precedência condicionada. Por isso, o direito que conter mais circunstâncias prevalecerá, pois, terá maior peso.

A precedência do direito permitirá o emprego dos meios processuais adequados a sua satisfação. Por exemplo, caso a liberdade de imprensa se sobressaia, os veículos de comunicação poderão requerer junto à Justiça as medidas processuais cabíveis.

Porém, é possível, da mesma forma, que o direito de privacidade prevaleça. A Constituição Federal previu uma série de possibilidades repressivas para a tutela deste direito, como é o caso da ação reparatória e do direito de resposta.

Porém, considerando as peculiaridades da privacidade, questiona-se se a tutela reparatória promove uma proteção efetiva e integral do referido direito, uma vez que não possui qualquer cunho patrimonial.

A partir da presente pesquisa, foi constatado que a reparação civil não é totalmente adequada para a promoção integral do direito de privacidade, vez que o Poder Judiciário pressupõe a ocorrência de danos para o fornecimento de uma tutela ressarcitória.

Tendo em vista que a Constituição concedeu à privacidade um caráter de inviolabilidade, não faz sentido condicionar a tutela deste direito à ocorrência de danos. Até porque, a própria Carta Magna brasileira concedeu o acesso ao Judiciário contra qualquer lesão ou ameaça a direitos.

Assim, pensando em efetividade de direitos, é preciso a mudança de entendimento sobre a forma como eles são tutelados. Não se pode mais admitir a condenação por danos como único meio de proteção a direitos, pois, é envolvido por uma perspectiva processual clássica, em que promove a equivalência entre dano e reparação pecuniária. Entretanto, a tradicional tutela repressiva ainda se mostra como a alternativa mais utilizada, seja pela dificuldade prática da concessão das vias preventivas, seja porque, na maioria dos casos, o direito da pessoa já foi violado, servindo a indenização para minorar os prejuízos suportados.

A tutela preventiva, por outro lado, por impedir a ocorrência de danos, se mostra como uma opção processual mais viável para a manutenção de direitos imateriais. Isto, porque, promove a tutela específica ou pelo equivalente ao adimplemento, o que significa que o objetivo do provimento jurisdicional é manter o direito inviolado. Neste tipo de situação, o estabelecimento de uma indenização serve apenas para tentar precificar algo que não é mensurável economicamente, o que não é interessante para a parte, pois, a integralidade do direito é mais valiosa.

Não se nega, entretanto, que, caso o dano já tenha ocorrido, não resta à parte alternativa senão propor uma ação indenizatória, se mostrando como última opção para as hipóteses em que a atuação preventiva se mostrou insuficiente ou simplesmente não é admitida.

Como já exaustivamente citado nesta pesquisa, o STF, seguindo o entendimento do relator da ADPF nº 130, passou a não admitir a tutela preventiva do direito de privacidade quando envolver a liberdade de imprensa.

O que se busca é evidenciar que, cronologicamente, é mais lógico impedir, primeiramente, a ocorrência do dano, através dos mecanismos de combate preventivo ao ilícito, para que, só então, em caso de impossibilidade, se busque a reparação pecuniária.

Tanto é que a legislação processual civil facilitou a concessão da tutela inibitória, ao dispensar a demonstração de culpa e dano para o combate ao ilícito. O caráter mandamental da inibição processual é outro fator que contribui para a sua efetividade, vez que compele o devedor a cumprir diretamente o comando ordenado através de mecanismos de coerção indireta, como as astreintes.

Tendo em vista que o direito de privacidade deve ser ressalvado de qualquer violação, a tutela inibitória se mostra como meio hábil para cumprir o comando constitucional. Porém, embora inviolável, a privacidade do indivíduo não é absoluta.

As previsões constitucionais e legais servem de balizas a este direito, de forma que, se a privacidade esbarrar com o direito de imprensa, é preciso, como dito, a realização da ponderação de direitos fundamentais para superar tal conflito.

Para a ocorrência do sopesamento, é preciso que se levem em consideração as circunstâncias do caso concreto, a fim de saber qual princípio terá preponderância, fazendo com que um se retraia e o outro, se expanda.

Foram estudadas neste trabalho diversas situações em que podem influenciar no resultado do julgamento, considerando o fator do peso.

Inclusive, os critérios indicados no capítulo anterior, como o local e natureza do fato, foram pensados para tentar facilitar a análise do juiz, de forma a considerar as circunstâncias mais comuns.

Se o direito de imprensa prevalecer, a privacidade do indivíduo será ressalvada, e a notícia, por consequência, poderá circular sem qualquer óbice. A imprensa possui um lugar de destaque na Democracia brasileira, uma vez que fornece o debate livre de qualquer intervenção estatal, o que foi tolhido por muitos anos.

Porém, é preciso, cuidado ao privilegiar este direito, vez que, como estudado, o exercício abusivo do direito de informação pode ser perverso e danoso, o que não pode ser admitido sob a alegação de vedação à censura. A ação de reparação de danos, nestas situações, se mostra inócua, pois, busca equiparar o dano à reparação civil. O flagelo que a imprensa pode causar aos indivíduos não possui qualquer meio de ser apagado, e a privacidade não tem como ser reestabelecida.

Por isso, é preciso que a imprensa siga as balizas criadas pela Constituição Federal, além das demais circunstâncias que retirem a abusividade da notícia. Além disso, existem balizas infraconstitucionais, como é o caso da eventual configuração de ilícitos civis e penais.

Nestes termos, para a prevalência do direito de privacidade, é preciso a ocorrência de abuso do direito de imprensa, revelada, por exemplo, através da presença de ofensas ou de invasão ilícita à privacidade do indivíduo.

Segundo o entendimento majoritário da doutrina, os direitos fundamentais são reciprocamente limitadores, não havendo hierarquia, o que garante uma prestação jurisdicional efetiva. Por isso, não há razão para se permitir a violação da privacidade sob a justificativa de que o direito de imprensa é quase absoluto ou que é possível o estabelecimento de indenização civil a posteriori.

Dessa forma, a tutela do direito de privacidade pode ocorrer inclusive em face do direito de imprensa, desde que esta seja considerada abusiva a partir da ponderação. Sendo este o caso, as medidas repressivas e preventivas poderão ser tomadas, vez que a Constituição e a legislação procuram promover, da forma mais efetiva possível, a tutela de direitos.

Em verdade, o que determinará a possibilidade, ou não, da utilização da tutela inibitória para instrumentalizar o direito de privacidade é a prevalência deste no sopesamento entre os princípios constitucionais conflitantes. A retração do âmbito de proteção do direito de informação jornalística, ocorrida a partir da ponderação, importa em uma desobstrução normativa, de forma a tornar a utilização da tutela inibitória compatível não só com tal direito, mas, também, com o ordenamento jurídico como um todo.

A privacidade, então, se prevalente, permitirá a imposição ao réu de obrigação que iniba a prática, reiteração ou continuação ilícito, bem como a sua remoção, o que representa a tutela específica do referido direito. É possível, assim, a proibição de veiculação de notícia, a proibição de nova exibição ou a interrupção de exibição contínua, bem como a remoção dos efeitos concretos de exibição passada.

Percebe-se que esta atuação é infinitamente mais útil à parte, a qual não possui qualquer interesse na reparação financeira de danos, mas tão somente, busca estar longe de qualquer exposição. A tutela preventiva do direito de privacidade em face da liberdade de imprensa não configura censura, na medida em que a restrição decorre de decisão do Poder Judiciário, responsável por proteger direitos igualmente fundamentais.

É preciso o rompimento do ordenamento brasileiro com a rigidez processual, para que o direito de privacidade seja protegido integralmente e que o processo cumpra o seu papel de instrumentalização de direitos materiais, realizando a disposição constitucional de efetividade jurisdicional.

A tutela inibitória, então, se mostra como eficaz técnica processual de preservação de direitos, principalmente os imateriais. Porém, como dito, deve respeitar as balizas criadas pela Constituição, a fim de que seu uso se mostre adequado ao direito de imprensa, além de atender as peculiaridades do caso concreto.

Nestes termos, a ponderação entre os referidos direitos constitucionais se mostra necessária, bem como mantém o sistema normativo preservado e harmônico, na medida em que compatibiliza o uso da tutela inibitória à liberdade de imprensa, ainda que não ocupe o patamar constitucional.

O que possibilita uma técnica processual infraconstitucional estar em conformidade com um direito constitucional, mesmo que aparentemente conflitam entre si, é o seu fundamento: além do direito de ação e do dever de cautela, a tutela inibitória instrumentaliza o direito de privacidade.

O processo, e todas as suas técnicas, é o meio para a consecução de determinado direito, sendo este o seu fim. Por isso, é a privacidade (fim) que conflita com a liberdade de imprensa, e não a inibitória (meio).

Dessa forma, a tutela inibitória, enquanto instrumento processual de combate ao ilícito, pode ser usada ainda que, aparentemente, esteja em conflito com outros direitos fundamentais, o que não a torna inconstitucional, desde que o direito a ser instrumentalizado prevaleça na ponderação de princípios constitucionais.

REFERÊNCIAS

ALEXY, Robert. **Teoria dos direitos fundamentais**. Tradução de Virgílio Afonso da Silva da 5ª edição alemã. 2 ed. São Paulo: Malheiros editores, 2015.

ALVARO DE OLIVEIRA, Carlos Alberto. O formalismo-valorativo no confronto com o formalismo excessivo. **Revista da Faculdade de Direito da Universidade Federal do Rio Grande do Sul**. n. 26, p. 59-88, dez. 2006.

ALVES, André Zamenhof de Macedo. A tutela preventiva dos artigos 461 e 461-A do Código de Processo Civil. **Revista Interface**. Natal/RN v.2. n.1. Págs. 125-140. Jan./Jun. 2005.

ARAÚJO, Francisco Marcos de. **Ponderação de bens na superação da colisão entre a liberdade de imprensa e direito à privacidade no sistema constitucional brasileiro**. 352 f. Dissertação (Mestrado em Direito) – Universidade Federal do Rio Grande do Norte. Natal, 2017.

ARBS, Paula Saleh. **A importância da ação inibitória dos direitos**. 107 f. Dissertação (Mestrado em Direito). Universidade de Coimbra, Portugal, 2015.

ARENHART, Sérgio Cruz. **A tutela inibitória da vida privada**. v. 2. São Paulo: Revista dos Tribunais, 2000.

—. **Perfis da tutela inibitória coletiva**. São Paulo: Ed. RT, 2003.

ARMONI, Renato. **Tutela da evidência**. 191 f. Dissertação (Mestrado em direito) – Pontifícia Universidade Católica de São Paulo. São Paulo, 2021.

ASSIS, Araken, et. al. **Processo coletivo e outros temas de direito processual**. Porto alegre: Livraria do Advogado Editora, 2012.

BARBOSA, Ruy, 1849-1923. **Oração aos moços**. Brasília: Senado Federal, Conselho Editorial, 2019.

BARROSO, Luís Roberto. Colisão entre liberdade de expressão e direitos da personalidade. Critérios de ponderação. Interpretação constitucionalmente adequada do código civil e da lei de imprensa. **Revista de Direito Administrativo**. Rio de Janeiro, 235. 1-36. Jan./Mar. 2004.

BEDAQUE. José Roberto dos Santos. **Efetividade do Processo e Técnica Processual**. 3 ed. São Paulo: Malheiros, 2010.

BEDIN, Gabriel de Lima. Tutela inibitória e a defesa do direito à intimidade e à vida privada: em busca da concretização dos direitos fundamentais. **Revista Direito em Debate**. Págs. 190-215. Ano XXI, nº 37, jan.-jun. 2012.

BERTOLINO, Gilberto Nascimento, BERTOLINO, Monique Pimentel. **A limitação da liberdade de imprensa frente aos direitos da personalidade como garantia da dignidade da pessoa humana e respeito ao direito ao esquecimento**. Disponível em: <http://publicadireito.com.br/artigos/?cod=b8c55b4de0a73217>. Acesso em 08 de fevereiro de 2023.

BERTONCELLO, Franciellen, BARRETO, Wanderlei de Paula. Tutela civil da personalidade. **Revista Jurídica Cesumar**, v. 7, n. 2, p. 607-623, jul./dez. 2007.

BONAVIDES, Paulo. **Curso de direito constitucional**. 15 ed. São Paulo: Editora Malheiros. 2004.

BORGES, Gabriel Oliveira de Aguiar, LONGHI João Victor Rozatti, GUILHERME, Martins Magalhães. Comentários acerca de alguns pontos do projeto de lei das fake news sob a ótica da responsabilidade civil. **Revista IBERC**. v. 4, n. 1, p. 35-51, jan./abr. 2021.

BOTELHO, Marcos. A proteção de dados pessoais enquanto direito fundamental: considerações sobre a lei geral de proteção de dados pessoais. **Argumenta Journal Law**, Jacarezinho – PR, Brasil, n. 32, 2020, p. 191-207.

BOVINO, Marcio Lamonica. **A ação inibitória enquanto tutela diferenciada autônoma**. 246 f. Tese (Doutorado em Direito). Pontifícia Universidade Católica de São Paulo. 2016.

BRANCO, Paulo Gustavo Gonet, e MENDES, Gilmar Ferreira. **Curso de direito constitucional**. 1 ed. rev. e atual. São Paulo: Saraiva, 2015.

BRASIL. Câmara dos Deputados. **Projeto de Lei nº 2.630,** de 03 de julho de 2020. Institui a Lei Brasileira de Liberdade, Responsabilidade e Transparência na Internet. Brasília: Câmara dos Deputados. Disponível em: <https://www.camara.leg.br/propostas-legislativas/2256735>. Acessado em: 22 mai. 2023.

—. **Constituição da República Federativa do Brasil de 1988**. Diário Oficial da União: 05 out. 1988.

—. **Lei nº 10.406**, de 10 de janeiro de 2002. Institui o Código Civil. Diário Oficial da União: 11 jan. 2002.

—. **Lei nº 12.527**, de 18 de novembro de 2011. Regula o acesso a informações previsto no inciso XXXIII do art. 5º, no inciso II do § 3º do art. 37 e no § 2º do art. 216 da Constituição Federal; altera a Lei nº 8.112, de 11 de dezembro de 1990; revoga a Lei nº 11.111, de 5 de maio de 2005, e dispositivos da Lei nº 8.159, de 8 de janeiro de 1991; e dá outras providências. Diário Oficial da União: 18 nov. 2011.

—. **Lei nº 13.105**, de 16 de março de 2015. Código de Processo Civil. Diário Oficial da União: 17 mar. 2015.

—. **Lei nº 13.188**, de 11 de novembro de 2015. Dispõe sobre o direito de resposta ou retificação do ofendido em matéria divulgada, publicada ou transmitida por veículo de comunicação social. Diário Oficial da União: 12 nov. 2015.

—. **Lei nº 13.709**, de 14 de agosto de 2018. Lei Geral de Proteção de Dados Pessoais (LGPD). Diário Oficial da União: 15 ago. 2018.

—. **Lei nº 5.250**, de 9 de fevereiro de 1967. Regula a liberdade de manifestação do pensamento e de informação. Diário Oficial da União: 10 mar. 1967.

—. **Lei nº 8.069**, de 13 de Julho de 1990. Dispõe sobre o Estatuto da Criança e do Adolescente e dá outras providências. Diário Oficial da União: 27 set. 1990.

—. STF – **ADPF 130**. Relator: Ministro Carlos Ayres Brito. Julgado em: 30/04/2009. Disponível em: <https://redir.stf.jus.br/paginadorpub/paginador.jsp?d ocTP=AC&docID=605411>. Acesso em: 14 mar. 2023.

BULOS, Uadi Lammêgo. **Curso de direito constitucional**. 8. ed. São Paulo: Saraiva, 2014.

CALAMANDREI, Piero. **Instituições de direito processual civil**. Campinas: Bookseller, 2003.

CANOTILHO, J. J. Gomes. **Direito constitucional e teoria da Constituição**. Coimbra: Almedina, 2008.

CARVALHO FILHO, José dos Santos. **Manual de direito administrativo**. 31. ed. São Paulo: Atlas, 2017.

CARVALHO, Luis Gustavo Grandinetti Castanho de. **Direito de informação e Liberdade de expressão**. Rio de Janeiro: Renovar, 1999.

CASTRO, Aldo Aranha de. Tutela Inibitória Positiva e Negativa do Ilícito e do Dano. **Publica e direito**. Disponível em: <http://www.publicadireito.com.br/artigos/?cod =0f96613235062963> Acesso em: 27 de fev. de 2023.

CHAVES, Rosângela. Alexis de Tocqueville e a Defesa de uma Imprensa Livre e não Monopolista. **Panorama**. Goiânia, v. 11, n. 1, p. 40-45, jan/jun. 2021.

CORRÊA, Itaguaci José Meirelles. **A Liberdade de Imprensa e sua Relação com a Constituição Brasileira de 1988**. 121 f. Dissertação (Mestrado em Direito) – Universidade Federal de Santa Catarina. Florianópolis, 2001.

COUTURE, Eduardo. **Fundamentos del derecho procesal civil**. Buenos Aires: Depalma, 1958.

DIDIER JR., Fredie, BRAGA, Paula Sarno, e OLIVEIRA, Rafael Alexandria. **Curso de direito processual civil**: teoria da prova, direito probatório, ações probatórias, decisão, precedente, coisa julgada e antecipação dos efeitos da tutela. 10 ed. Salvador: Ed. Jus Podivm, 2015.

—. Sentença constitutiva e execução forçada. **Revista de Processo**. v. 33, n. 159, p. 65-76, maio 2008.

DINAMARCO, Cândido Rangel. **A instrumentalidade do processo**. 14 ed. São Paulo: Malheiros, 2009.

—. **Instituições de direito processual civil**. São Paulo: Malheiros, 2001. v. 1.

DONIZETTI, Elpídio. **Curso didático de direito processual**. 20. ed. rev., atual. e ampl. São Paulo: Atlas, 2017.

DONNINI, Oduvaldo, DONNINI, Rogério Ferraz. **Imprensa livre, dano moral, dano à imagem e sua quantificação à luz do Novo Código Civil**. São Paulo: Método, 2002.

ESPINDOLA, Angela Araujo da Silveira. A tutela preventiva fundada nos princípios processuais constitucionais. **Direito & Justiça**, Porto Alegre, v. 36, n. 2, p. 111-122, jul./dez. 2010.

FABRÍCIO, Paulo Eduardo Magnani, OLIVEIRA, Bruno Queiroz. A Perspectiva atual da Liberdade de Imprensa no Brasil. **Revista Opinião Jurídica**. V. 5, n. 9, p. 213-228, 2007.

FARIA, Daniela Lopes e PINTO, Edson Antônio Sousa Pontes. A tutela inibitória e os seus fundamentos no novo Código de processo civil. **Revista dos tribunais**. São Paulo, v. 41, n. 252. p. 303-318. Fev. 2016.

FARIAS, Cristiano Chaves de, ROSENVALD, Nelson, e BRAGA NETTO, Felipe Peixoto. **Curso de direito civil**: responsabilidade civil. 4. ed. rev. e atual. Salvador: Ed. JusPodivm, 2017.

FARIAS, Edilsom Pereira de. **Liberdade de expressão e comunicação**: teoria e proteção constitucional. Tese de doutorado. Universidade Federal de Santa Catarina. Florianópolis, 2001. p. 290. Disponível em: <https://core.ac.uk/download/pdf/30360546.pdf>. Acesso em: 22 ago. 2022.

FERREIRA, Pinto. **Comentários à Constituição brasileira**. 7 v. São Paulo: Saraiva, 1989.

FILHO, Luis Arlindo Feriani. **Efetividade da tutela preventiva**. 304 f. Tese (Doutorado em Direito). Pontifícia Universidade Católica de São Paulo. 2016.

GAJARDONI, Fernando da Fonseca. **O modelo presidencial cooperativista e os poderes e deveres do juiz do novo CPC**. In: O novo Código de Processo Civil. Questões controvertidas. Vários autores. São Paulo: Atlas, 2015.

GARCIA. Emerson. **Conflito entre normas constitucionais**: esboço de uma teoria geral. Rio de Janeiro: Lumen Juris, 2008.

GODINHO, Adriano Marteleto, GUERRA, Gustavo Rabay. A defesa especial dos direitos da personalidade: os instrumentos de tutela previstos no direito brasileiro. **Revista Jurídica Cesumar.** v. 13, n. 1, p. 179-208, jan./jun. 2013.

GONÇALVES, Ana Catarina Piffer; MARTIN, Andreia Garcia. Os direitos à intimidade e à privacidade sob a perspectiva processual: a tutela inibitória dos direitos de personalidade. **Revista Jurídica Cesumar**. Maringá. v.12, n.1, p. 205-235. Jan/jun. 2012.

GRINOVER, Ada Pellegrini. A tutela preventiva das liberdades: habeas corpus e mandado de segurança. **Revista de Processo**. São Paulo, n. 22, abr./jun. 1981.

GUIMARÃES, Ricardo Duarte, BASTOS, Antonio Jose Souza. A tutela inibitória como instrumento de proteção dos direitos da personalidade. **Revista de Processo, Jurisdição e Efetividade da Justiça**. v. 1, n. 2, p. 1-37, Jul/Dez. 2015.

HESSE, Konrad. **Derecho constitucional y derecho privado**. Madrid: Civitas, 2001.

HIBNER, Davi Amaral. **As tutelas dos direitos da personalidade no Código de Processo Civil**. 344 f. Dissertação (Mestrado em Direito) – Universidade Federal do Espírito Santo. Vitória, 2019.

HOLANDA, Lucas Nogueira, TEIXEIRA, Felipe Coelho. A importância da regulamentação de mídias sociais em estados democráticos: uma análise de direito comparado entre o projeto de lei nº 2630/2020 e a legislação portuguesa. **Revista Foco.** Curitiba/PR. v.16. n.2. p.01-23. 2023.

JARDELINO, Fábio, CAVALCANTI, Davi Barboza, TONIOLO, Bianca Persici. A proliferação das fake news nas eleições brasileiras de 2018. **Comunicação Pública**. v. 15, n. 28, 2020.

JÚNIOR. José Ribamar Mendes. Os direitos da personalidade e a liberdade de imprensa: a condenação antecipada do acusado ante a exposição massificada da mídia. **Revista ESMAT**. Ano 7, nº 9, Pág. 33-50, Jan./Jun. 2015.

LACERDA, Galeno. O código e o formalismo processual. **Revista da Faculdade de Direito da UFPR**. V. 21, n. 0, 1983.

LAURINO, Salvador Franco de Lima. **Tutela jurisdicional**: cumprimento dos deveres de fazer e não fazer. Rio de Janeiro: Elsevier, 2010.

LIEBMAN, Enrico Tullio. **Eficácia e autoridade da sentença**. Tradução de Alfredo Buzard e Benvindo Aires. 3 ed. Rio de Janeiro: Ed. Forense. 1984.

MACHADO, Jónatas E. M. **Liberdade de expressão**: Dimensões constitucionais da esfera pública do sistema social. Coimbra: Coimbra Editora, 2002.

MARINONI, Luiz Guilherme. O direito à tutela jurisdicional efetiva na perspectiva da teoria dos direitos fundamentais. **Jus Navigandi**, Teresina, ano 8, n. 378, 20 jul. 2004. Disponível em: http://jus2.uol.com.br/doutrina/texto.asp?id=5281 Acesso em: 04 nov. 2022.

—. **Técnica processual e tutela dos direitos**. São Paulo: Ed. RT, 2004.

—. Tutela contra o ilícito (art. 497, parágrafo único, do CPC/2015). **Revista de Processo**. vol. 245. p. 313-329. São Paulo: Ed. RT, jul. 2015.

—. **Tutela Inibitória e Tutela de Remoção do Ilícito**. 7 ed. rev., atual. São Paulo: Thomson Reuters Brasil, 2019a.

—. **Tutela inibitória**: individual e coletiva. 5. ed. rev. São Paulo: Thomson Reuters Brasil, 2019b.

MATOS, José Francisco. **Proteção à privacidade e a liberdade de imprensa**. 87 f. Dissertação (Mestrado em direito) – Pontifícia Universidade Católica de São Paulo. São Paulo, 2010.

MIRANDA, Pontes De. **Tratado das ações**. Tomo I. Ação classificação e eficácia. 1 ed. Atualizado por: Vilson Rodrigues Alves. Campinas: Bookseller, 1998.

MOLINARO, Carlos Alberto, MILHORANZA, Mariângela Guerreiro, PORTO, Sérgio Gilberto. **Constituição, jurisdição e processo**. Sapucaia do Sul: Notadez, 2007.

MONTEIRO, Agnelo Limeira dos Milagres. **Tutela preventiva**: urgência e simetria. 134 f. Dissertação (Mestrado em direito). Universidade Católica de Pernambuco. 2010.

MONTEIRO, Washington de Barros. **Curso de direito civil**. v. 4: direito das obrigações, 1ª parte. 32 ed. Atual, por Carlos Alberto Dabus Maluf. São Paulo: Saraiva, 2003.

MOREIRA, José Carlos Barbosa. Por um processo socialmente efetivo. **Revista Síntese de direito civil e processual civil**. Págs. 5-14. Ano II, nº 11, mai./jun. 2001.

MOTTA, Ivan Dias da, ABAGGE, Yasmine de Resende, KNOERR, Fernando Gustavo. A Lei Geral de Proteção de Dados: Os Dados Pessoais Podem Ser Considerados Direitos Da Personalidade? **EALR**, V.10, nº 2, p.278-302, Mai-Ago, 2019.

MURITIBA, Sérgio Silva. Tutela inibitória e os direitos da personalidade. **Revista de processo**. São Paulo, n. 122, p. 22-40, abr. 2005.

NERY, Gabriele Caldas. A atipicidade das medidas executivas no código de processo civil e o equilíbrio com os direitos fundamentais. **Revista de Iniciação Científica e Extensão**. Págs. 283-304. v.4, n.1, jun. 2019.

NEVES, Daniel Amorim Assumpção. **Manual de direito processual civil**. Volume único. 9 ed. Salvador: Editora JusPodivm, 2017.

NOGUEIRA, Daniel Moura. Garantia constitucional do acesso à justiça como plena solução dos conflitos sociais por meio do processo. **Revista da AJURIS**. v. 42. n. 137. Mar. 2015. Disponível em: <http://ajuris.kinghost.net/OJS2/index.php/REVAJURIS/article/viewFile/382/316>. Acesso em: 23 ago. 2022.

NOVELINO, Marcelo. **Curso de direito constitucional**. 11. ed. rev., ampl. e atual. Salvador: Ed. JusPodivm, 2016.

OLIVEIRA, Carlos Alberto Alvaro de. O problema da eficácia da sentença. **Revista da Faculdade de Direito da UFRGS**. Págs. 37-53. n. 24, 2004.

OLIVEIRA, Flávio Luís de. A Tutela Jurisdicional e Concretização de Direitos. **Revista do Direito Privado**. Volume 3, Número 1, Jan./Abr. 2010.

PEREIRA, Eduardo Calais. **A tutela inibitória e a efetividade do processo**. 98 f. Dissertação (Mestrado em Direito) – Universidade Federal de Minas Gerais. Belo Horizonte, 2013.

PEREIRA, Fabrício Fracaroli. Estado Democrático de Direito e Liberdade de Imprensa. **Revista do Direito Público**, Londrina, v.8, n.2, p.119-138, mai./ago.2013.

PINHEIRO, Patricia Peck. **Proteção de dados pessoais**: comentários à Lei n. 13.709/2018 (LGPD). São Paulo: Saraiva, 2019.

PORCIÚNCULA, André Ribeiro. **Biografias não autorizadas**: colisão entre liberdade de expressão e proteção da privacidade à luz do direito ao esquecimento – controvérsias pós-decisão do supremo tribunal federal. 334 f. Dissertação (Mestrado em Direito) – Universidade Federal da Bahia. Salvador, 2016.

REZENDE, Ester Camila Gomes Norato. **Fortalecimento da tutela do direito provável**: atipicidade e generalização da tutela em combate ao dano marginal no direito brasileiro. 234 f. Tese (Doutorado em direito). Universidade Federal de Minas Gerais. 2016.

RIBEIRO, Darci Guimarães. Efetividade da Sentença Constitutiva. **Revista Eletrônica de Direito Processual**. Págs. 270-293. Vol. VI, Jul.-Dez, 2010.

RODRIGUES, Sílvio. **Direito civil**: direito das obrigações. 25. ed. São Paulo: Saraiva, 1997.

RUIZ, Ivan Aparecido, MACHADO, Isadora Vier. Tutelas de urgência e preventivas: aplicabilidade em casos de assédio moral. **Revista Jurídica Cesumar**. v. 6, n. 1, p. 515-539, 2006.

SALAMA, Bruno. **O que é pesquisa em Direito e Economia?** In: SALAMA, Bruno. **Estudos em Direito e Economia**. Rio de Janeiro: EVG, 2017.

SAMPAIO, Grace Kelly. Liberdade de Imprensa e Intangibilidade Moral do Indivíduo. **Revista ESMAT**. V. 1, n. 1, p. 191-204, nov. 2009.

SARLET, Ingo Wolfgang, MARINONI, Luiz Guilherme. MITIDIERO, Daniel. **Curso de direito constitucional**. 7. ed. São Paulo: Saraiva Educação, 2018.

SARTÓRIO, Elvio Ferreira. **Tutela preventiva (inibitória) nas obrigações de fazer e não fazer**. Rio de Janeiro: Lumen Juris, 2007.

SCHREIBER, Anderson. Novas tendências da Responsabilidade Civil brasileira. **Revista Trimestral de Direito Civil – IBDC**. Rio dc Janeiro, n. 22, abr./jun. 2005, p. 45-69, 2005.

SILVA, Felipe Ventin da. **A tutela preventiva dos direitos de personalidade e a liberdade de informação jornalística**. 286 f. Dissertação (Mestrado em Direito) – Universidade Federal da Bahia. Salvador, 2011.

SILVA, José Afonso da. **Curso de direito constitucional positivo**. 20. ed. São Paulo: Malheiros, 2005.

SILVA, Ovídio Batista da. **Curso de Processo Civil**. 4 ed. V. II. São Paulo: RT, 1998.

—. Racionalismo e Tutela Preventiva em Processo Civil. **Revista dos Tribunais**, São Paulo, v. 91, n. 801, p. 30-43, jul. 2002.

SOARES, Marcelo, MARTINS, Raphael, SCHIMIDT, Silvia. Tutela provisórias: meio de efetividade dos direitos fundamentais e da personalidade. **Argumenta Journal Law**, Jacarezinho – PR, Brasil, n. 35, 2021, p. 141-171.

SOUSA, Rosilene Paiva Marinho de, BARRANCOS, Jacqueline Echeverría, e MAIA, Manuela Eugênio. Acesso a informação e ao tratamento de dados pessoais pelo poder público. **Revista Informação & Sociedade: Estudos**, João Pessoa, v.29, n.1, p. 237-251, jan./mar. 2019.

SOUZA, Sérgio Ricardo de. **Controle judicial dos limites constitucionais à liberdade de imprensa**. Rio de Janeiro: Lumen Juris, 2008.

SPADONI, Joaquim Felipe. **Ação inibitória**: a ação preventiva no art. 461 do CPC. São Paulo: Revista dos Tribunais, 2002.

SZANIAWSKI, Elimar. **Direitos da personalidade e sua tutela**. São Paulo: Revista dos Tribunais, 2005.

TALAMINI, Eduardo. **Tutela relativa aos direitos de fazer e de não fazer:** e sua extensão aos deveres de entrega de coisas (CPC, arts. 461 e 461-A, CDC, art. 84). 2 ed. São Paulo: Ed. RT, 2003.

TARUFFO, Michele. **La prueba de los hechos**. Traducción de Jordi Ferrer Beltrán. Madrid: Trotta, 2002.

TERRA, Felipe Mendonça. Razão ou sensibilidade? Decidindo casos sobre liberdade de expressão: lições do cenário norte-americano. **Revista Universitas JUS**. v. 27, n. 1, p. 163-187, 2016.

TESHEINER. José Maria. **Eficácia da Sentença e Coisa Julgada no Processo Civil**. São Paulo: Revista dos Tribunais, 2002.

THEODORO JÚNIOR, Humberto. **Curso de Direito Processual Civil**: Teoria geral do direito processual civil, processo de conhecimento e procedimento comum. vol. I. 56. ed. rev., atual. e ampl. Rio de Janeiro: Forense, 2015.

TORRES, Artur. **Fundamentos de um direito processual civil contemporâneo**. Parte I. Porto Alegre: Arana, 2015.

VENOSA, Sílvio de Salvo. **Direito civil**: obrigações e responsabilidade civil. 17. ed. São Paulo: Atlas, 2017.

VIEIRA, Andrey Bruno Cavalcante, JÚNIOR, Marcos Ehrhardt. O direito de danos e a função preventiva: desafios de sua efetivação a partir da tutela inibitória em casos de colisão de direitos fundamentais. **Revista IBERC**. v. 2, n. 2, p. 01-30, mai.-ago./2019.

ZAVASCKI, Teori Albino. **Antecipação da tutela**. São Paulo: Saraiva, 2000.